La mémoire qu'on vous a volée

De 1760 à nos jours

GILLES PROULX
et Louis-Philippe Messier
Préface de Gilles Laporte

La mémoire qu'on vous a volée

De 1760 à nos jours

LES ÉDITIONS DU JOURNAL

Édition : Mylène Des Cheneaux
Coordination éditoriale : Mélikah Abdelmoumen
Révision linguistique : Edith Galy
Correction d'épreuves : François Bouchard
Direction artistique : Johanna Reynaud
Design de couverture : Nathalie Samson
Mise en page : Louise Durocher
Illustrations en couverture : Nathalie Samson ; John Henry Walker, *Cathédrale Saint-Jacques* (détail), *Montréal*, vers 1880 ; Lord Charles Beauclerk, *Vue arrière de l'église Saint-Eustache et dispersion des insurgés* (détail), 1840.

Catalogage avant publication de Bibliothèque et Archives nationales du Québec et Bibliothèque et Archives Canada

Titre : La mémoire qu'on vous a volée / Gilles Proulx, Louis-Philippe Messier.
Noms : Proulx, Gilles, 1940- auteur. | Messier, Louis-Philippe, 1977- auteur.
Description : Comprend des références bibliographiques et un index.
Identifiants : Canadiana 20189434090 | ISBN 9782897610807
Vedettes-matière : RVM: Québec (Province)—Histoire.
Classification : LCC FC2911 P76 2019 | CDD 971.4—dc23

Les éditions du Journal
Groupe Ville-Marie Littérature inc.*
Une société de Québecor Média
4545, rue Frontenac, 3e étage
Montréal (Québec) H2H 2R7
Tél. : 514 523-7993
Téléc. : 514 282-7530
Courriel : info@leseditionsdujournal.com
Vice-président à l'édition : Martin Balthazar

Distributeur
Les Messageries ADP *
2315, rue de la Province
Longueuil (Québec) J4G 1G4
Tél. : 450 640-1234
Téléc. : 450 674-6937
* filiale du groupe Sogides inc.
filiale de Québecor Média inc.

Financé par le gouvernement du Canada | Canada

Les éditions du Journal bénéficient du soutien de la Société de développement des entreprises culturelles du Québec (SODEC) pour son programme d'édition.

Gouvernement du Québec – Programme de crédit d'impôt pour l'édition de livres – Gestion SODEC.

Nous remercions le Conseil des arts du Canada de l'aide accordée à notre programme de publication.

Dépôt légal : 1er trimestre 2019

leseditionsdujournal.com

SOMMAIRE

PRÉFACE

Tout compte fait, le titre de cet ouvrage de Gilles Proulx n'a rien d'exagéré puisque leur mémoire, les Québécois se la font voler depuis déjà un bon moment. Dès 1840, l'occupant britannique entreprend de déposséder le Canada français des symboles de son enracinement en Amérique : le castor, la feuille d'érable, ses liens avec les Autochtones et jusqu'à la poutine ! Tout est alors bon pour se forger une américanité, se distinguer des États-Unis et fonder l'identité *canadian*. Jusqu'au nom de Canadien qu'on nous a pris, même si celui-ci était jusque-là réservé aux francophones de la vallée du Saint-Laurent. On fragilisait de la sorte le lien avec notre propre mémoire ainsi qu'avec un inestimable patrimoine. Plus personne ne se rappelle qu'*Ô Canada* fut composé pour la Fête nationale du 24 juin, qu'*Un Canadien errant* rendait hommage aux patriotes exilés en Australie ou que le club de hockey Canadien s'appelle ainsi parce qu'il était réservé aux joueurs d'expression française.

Le génie d'un peuple tire sa source d'expériences collectives ancrées dans l'histoire : d'inlassables essais et erreurs qui alimentent la fierté et la solidarité nationales. Une mémoire historique bien entretenue est la condition *sine qua non* pour agir efficacement dans le présent et pour préparer l'avenir. Quels sont les intérêts du Québec ? Comment baliser les valeurs québécoises ? Comment accueillir des milliers d'immigrants chaque année ? Quel type de développement énergétique privilégier ? À ces questions, l'histoire n'apporte bien sûr pas de réponses en soi, mais la somme des expériences vécues garantit des choix éclairés et insuffle la confiance nécessaire pour poser les gestes radicaux qui s'imposent parfois.

Au contraire, la perte de mémoire rend un peuple incapable de faire des choix éclairés et d'agir sur la réalité. Gilles Proulx montre bien que, frappé d'amnésie, un peuple erre dans l'histoire, oublieux de la place qu'il y occupe, soucieux de ne pas se faire remarquer, au point de se rendre invisible. Après s'être approprié tout ce qui lui parut utile, le Canada anglais s'est donc mis en frais d'abattre le rapport des Québécois à leur passé afin que ces derniers ne puissent plus y puiser la confiance nécessaire pour se projeter dans l'avenir et faire aboutir leur destin national. Ce travail de sape s'est opéré avec la complicité des élites francophones qui, depuis vingt ans en particulier, n'ont eu de cesse de sacrifier notre fidélité à la mémoire sur l'autel du multiculturalisme et de la mondialisation heureuse.

Qu'on se rassure (comme on peut) ce phénomène n'est pas particulièrement québécois, mais bien occidental. Toutes les sociétés d'origine européenne traversent la même crise liée à un rapport trouble à la mémoire historique. Telle une mayonnaise, on fait présentement remonter à la surface un passé esclavagiste, colonialiste, raciste, sexiste et globalement discriminatoire. Et, comme avec une mayonnaise, on mélange bien sûr tout. Il ressort ainsi un rapport paradoxal à l'histoire consistant à s'appuyer sur les enjeux et les luttes actuels afin de dénigrer le legs de notre passé collectif. La conséquence est que la référence au passé est devenue en soi suspecte tant l'histoire charrie de matériaux qu'on souhaite désormais refouler. Difficile dans un tel contexte d'invoquer l'histoire pour inspirer un peuple, d'autant que le sentiment national est jugé particulièrement toxique puisqu'on lui trouve vite une parenté avec le racisme. Les historiens universitaires participent donc avec enthousiasme au déboulonnage du récit national québécois, voyant presque comme une victoire chaque fois qu'ils réussissent à prouver qu'un Dollard des Ormeaux était un voleur, qu'un Papineau était misogyne ou qu'un Lionel Groulx était fasciste. Ne serait plus légitime que le point de vue des minorités opprimées qui exigent désormais de participer à leur mise en scène dans l'histoire pour mieux y relayer les combats qu'elles mènent dans le présent.

Le Canada est certainement à l'avant-garde de ce rapport culpabilisant et mortifère à l'histoire. Mis à part l'épisode Harper, de 2006 à 2015, l'essentiel de la culture subventionnée canadienne a été mis au service de cette idéologie « diversitaire ». Quelle ironie que l'année 2015 marquant le bicentenaire de John A. Macdonald (et que Stephen Harper comptait célébrer avec faste) ait finalement coïncidé (une fois Justin Trudeau élu) avec la décision de retirer son portrait du billet de dix dollars pour le remplacer par celui d'une militante du droit des Noirs. Pour mener à bien son dessein multiculturaliste, le Canada peut s'appuyer depuis 1982 sur un monument législatif capital, la Charte des droits et libertés, qui a depuis contribué à élever les droits de la personne au rang de dogme, et dont chacune des invocations par les tribunaux a depuis conduit à promouvoir les identités minoritaires et à faire reculer les droits collectifs et nationaux, dont ceux qui définissent le peuple québécois.

Il existe bien d'autres manières de miner la conscience historique d'un peuple et à peu près tous sont à l'œuvre à l'heure actuelle. L'une d'elles consiste par exemple à laisser disparaître les traces matérielles de l'histoire et du patrimoine. Au moment d'écrire ces lignes, l'opinion s'émeut à propos d'une maison bicentenaire détruite à Chambly et ayant appartenu à un patriote de 1837. Pour l'expliquer, la ministre de la Culture ne trouve rien de mieux à répondre que « Quand tu as 5000 patriotes, tu ne peux pas classer 5000 maisons parce qu'il y a eu un patriote dedans. » La ministre sait-elle seulement qu'il n'y a plus guère aujourd'hui qu'une centaine de maisons debout ayant appartenu à un patriote et que les seules vraiment protégées appartiennent à Parcs Canada ?

Parmi ces forces à l'œuvre afin de miner notre rapport au passé québécois, je m'en tiendrai plus longuement à une seule que j'ai bien étudiée et qui joue un rôle crucial dans la transmission de la mémoire : l'enseignement de l'histoire dans nos écoles.

Soyons juste, depuis septembre 2017, les élèves québécois ont à nouveau droit à un véritable cours d'histoire axé sur les connaissances. L'histoire du Québec et du Canada est désormais vue chronologiquement sur deux années, en 3e et 4e secondaire. Ce redressement salutaire met fin à une des pires expériences pédagogiques jamais menées, qui a bien failli dégoûter toute une génération de son histoire. Il s'agit donc d'un authentique succès qui laisse cependant en plan de nombreux problèmes dans l'apprentissage de l'histoire à l'école.

Le plus sérieux de ces problèmes concerne la formation des enseignants dans nos universités. Suivre deux ou trois cours d'histoire du Canada et être ensuite jugé apte à l'enseigner dans nos écoles, cela ne vous paraît-il pas absurde ? C'est pourtant la réalité au pays de Maria Chapdelaine.

Le programme actuel de formation des enseignants consiste en un baccalauréat de quatre années où la moitié des cours sont consacrés à « apprendre à enseigner ». Au prix d'effrayantes redondances, le futur enseignant doit suivre quinze cours de « didactique », de « psychopédagogie », de « démocratie scolaire », d'« épistémologie » et autres « métacognitions ». Quant à la formation en histoire : tout au plus dix cours dont deux seulement sur l'histoire du Québec et du Canada. J'ai moi-même enseigné l'histoire aux futurs enseignants. Chaque fois, j'étais pris du même vertige à la pensée qu'il s'agissait là du seul bagage de connaissances sur lequel ils allaient devoir compter.

Les enseignants actuels sont-ils préparés pour le virage des connaissances et pour transmettre le goût de l'histoire à nos jeunes ? De toute évidence non. Ce constat est d'ailleurs corroboré par les enseignants eux-mêmes. Lors d'une enquête menée en 2017, la plupart des enseignants d'histoire interrogés ont confié avoir très peu appris durant leur formation universitaire, notamment dans leurs cours de didactique et de psychopédagogie. À l'inverse, quand on leur demande « Quels cours vous ont semblé manquer dans votre formation ? », les cours d'histoire arrivent en tête[1]. L'impression qui s'en dégage est un climat de profonde morosité et de cynisme à l'égard de la formation reçue. Les enseignants se perçoivent désormais comme des techniciens à qui on demande de simplement gérer des classes, mais ni d'approfondir la matière ni de susciter la curiosité des élèves et encore moins de transmettre un héritage culturel commun. Aussi mal outillé, écrit Éric Bédard, « le maître qui se retrouve en classe devant ses élèves avec pour seul bagage ses quelques cours universitaires sur le passé québécois est donc condamné à suivre l'un des manuels approuvés par le ministère, rédigés le plus souvent par l'un des didacticiens spécialistes en pédagogie qui lui aura enseigné à l'université[2]. »

Il y a pourtant quantité de bons candidats à l'enseignement : ceux notamment ayant complété un baccalauréat de trois ans en histoire. Mais malgré les demandes répétées, ces diplômés se voient forcés de reprendre à zéro dans le programme de quatre ans qui seul permet d'être initié aux mystères de l'approche socioconstructiviste et surtout d'assurer la mainmise des facultés de sciences de l'éducation sur la formation, quitte à alimenter le cynisme et même le décrochage d'enseignants démotivés.

---

1. Gilles Laporte, Laurent Lamontagne et Myriam D'Arcy, *La formation des maîtres en histoire : les enseignants sont-ils prêts au retour de l'enseignement des connaissances ?* Montréal, Coalition pour l'histoire, 2017. 86 p.
2. Éric Bédard, *Enseignement et recherche universitaires au Québec : L'histoire nationale négligée*, Montréal, Coalition pour l'histoire, septembre 2011, p. 16.

La formation des maîtres et les réformes scolaires successives ont ainsi profondément transformé notre système d'éducation. Les connaissances n'ont plus grande importance : c'est le « cheminement » qui compte, comme si tout ce que l'on ne découvre pas soi-même n'avait aucune valeur « pédagogique ». Conséquence logique : la « mixité sociale » prévaut sur l'apprentissage. Plus question donc de regrouper les élèves par capacité d'apprentissage : chaque classe doit « refléter la société ». Il s'agit là d'une erreur fondamentale qui a bouleversé notre système d'éducation selon Émile Robichaud, car c'est l'école dans sa totalité qui devrait être un microcosme de la société et non chacune des classes. La classe est le lieu de l'apprentissage systématique : par conséquent, pour qu'un enseignement digne de ce nom soit possible, il faut que les élèves d'une même classe aient le même rythme d'apprentissage, sinon la classe perd son sens et les enseignants… font de la discipline[3].

Ironiquement, ces réformes successives visaient toutes à alléger l'enseignement afin de lutter contre le décrochage scolaire. Or, le taux de décrochage n'a pas bougé d'un poil et loin d'être allégé, l'enseignement se retrouve plutôt surchargé par des lubies pédagogiques et par de nouvelles missions confiées à l'école : citoyenneté, tolérance religieuse, sexualité ou éducation financière.

La lubie pédagogique sans doute la plus tenace consiste à « initier l'élève à la méthode historique » par l'analyse de documents. Exit la connaissance des dates charnières, des

3. Émile Robichaud, *Succursales ou institutions ? Redonner sens à nos écoles*, Montréal, Médiaspaul, 2018, p. 123.

grands personnages et des grands enjeux d'une époque, désormais c'est par l'analyse d'extraits de textes, d'illustrations d'époque ou de vidéos que le jeune « construit son rapport au passé et exerce sa citoyenneté [...], son sens critique et sa créativité ». L'analyse d'extraits d'une lettre de Marie de l'Incarnation ou d'une pièce au procès de Marie-Angélique suffit apparemment pour comprendre la « société en Nouvelle-France ». On mise ainsi sur les histoires particulières propices à monter en épingle des destins atypiques, mais qui annihilent l'impression que le jeune est l'héritier d'un parcours historique cohérent dans lequel il peut s'inscrire. En somme, il n'y a plus une histoire du peuple québécois, il n'y a plus que des récits de Québécois. Dans les faits, l'élève n'a alors ni l'érudition ni le recul nécessaires pour interpréter des documents et véritablement tirer profit de la « méthode historique ». Quant aux fameuses vertus « critiques » et « créatives », elles se résument le plus souvent pour l'élève à repérer dans un document ce que le prof souhaite entendre. Le résultat est au mieux une pure perte de temps.

Finalement, bien qu'il ait été revu dans le bon sens, le programme d'histoire actuel prescrit toujours la même épreuve uniforme certificative. Or cet « examen » ne sanctionne ni l'acquisition de connaissances ni le labeur accompli par l'élève durant l'année. Il consiste tout simplement... à analyser un document. Le jeune est donc convié à travailler sur un problème historique dont il n'a peut-être jamais entendu parler durant l'année, à exercer son sens critique et sa créativité et, donc, en pratique, à repérer dans le document les mots-clés que l'examinateur souhaite voir apparaître.

Heureusement, tous les intervenants en éducation sont au fait des carences soulignées ici et les zélotes de l'approche par compétences sont désormais sur la défensive, assiégés dans leurs tours d'ivoire. Dans la foulée des correctifs apportés en 2017, un authentique redressement est en cours : parents, élèves, enseignants et même les syndicats et le ministère convergent à l'heure actuelle vers un retour à un enseignement de base, plus classique, axé sur l'acquisition de connaissances et où le récit national commun à tous les Québécois pourra retrouver sa place.

Dans son livre, Gilles Proulx oppose très justement « le vieux Canada français, tenace » au « Québec jeune et fragile ». Nul doute que lui et moi – et sans doute vous lecteur – sommes faits du même bois. Pour nous, aucun mal à fonder nos choix et nos actions sur l'héritage de 400 ans de présence française en Amérique. Sinon, le rappel de la morgue de Pierre Trudeau et les espoirs déçus de 1995 suffissent pour raviver nos convictions. Mais qu'en est-il des plus jeunes pour qui le chant des sirènes du multiculturalisme semble irrésistible et qui trouvent autour d'eux si peu de rappels de leur histoire ? En 1839, lord Durham écrivait pour eux : « Je désire l'assimilation pour l'avantage des jeunes instruits [canadiens-français] que la différence du langage et des usages sépare du vaste Empire auquel elles appartiennent. » Or, n'oublions pas que la résistance à cette mort programmée s'est faite depuis 200 ans au prix d'énormes sacrifices : une fidélité sans faille à nos origines, la tutelle d'un clergé oppressant, la règle sur les doigts de la maîtresse de rang et un isolement culturel étouffant, toutes des valeurs aujourd'hui battues en brèche avec frénésie par nos élites médiatico-intellectuelles. Sur quel atout, dites-moi, pouvons-nous encore compter pour afficher cette belle assurance, penser que le français n'est pas menacé à Montréal et que l'originalité du Québec demeure assurée dans le Canada ? Comment pouvons-nous en somme penser que cela puisse être préservé sans renouer avec nos racines historiques et une profonde solidarité nationale ? Quelle que soit la réponse à ces questions, nul doute que ce petit livre de Gilles Proulx tire dans la bonne direction.

Gilles Laporte, historien
Janvier 2019

INTRODUCTION

L'école n'enseigne plus l'histoire. Pire: les historiens professionnels dédaignent la nation. La soif de savoir populaire n'est plus assouvie. Non seulement un régime fédéral voudrait que nous ne nous concevions pas comme une nation, mais un certain nationalisme épris de modernisme voudrait nous faire croire que notre histoire commence dans les années 1960. Je me souviens de quoi ? De rien !

Voilà qui explique le succès, dont l'ampleur me surprend, de mon livre *Nouvelle-France. Ce qu'on aurait dû vous enseigner*. Cet ouvrage traite du régime français, de Jacques Cartier à la défaite des plaines d'Abraham. La Conquête a eu lieu. Mais ensuite, que s'est-il passé ? Notre histoire depuis ce temps est éminemment tordue.

Je vous propose donc de faire le pont entre hier et maintenant. Vous verrez, ce n'est pas si compliqué. Je résume ici quelques épisodes importants. Je dessine quelques tendances lourdes qui apparaissent dès le lendemain de la Conquête et qui persisteront jusqu'à aujourd'hui. Par exemple, le premier souci du « dominateur » fut de forcer le divorce entre les Français et leurs alliés, les Amérindiens. Cette fracture fut d'autant plus douloureuse que l'union était forte ! Encore aujourd'hui, dans le mauvais procès que l'on fait aux Québécois, il y a des traces de la nostalgie de l'époque. Malgré leurs divergences, plus de quarante nations faisaient bloc avec les Français, trop peu nombreux pour tenir tête à la « perfide Albion » (hostile surnom donné à l'Angleterre). Tellement indéfectibles que même après que les Français eurent baissé les bras, certains « Indiens », comme on les appelait alors, continuèrent le combat, avec Pontiac à leur tête. Le chef Pontiac, qui revêtait toujours la veste française que lui avait donnée Montcalm, rêvait de faire renaître un régime franco-amérindien, nous apprend l'historien Pierre Salinger dans son livre *La France et le Nouveau Monde*. Mais on ne vous l'a pas enseigné, alors vous pensez que Pontiac est simplement le nom d'une « auto ». Rappelons que, plus tard, les Anglais ont eu la brillante idée de cantonner les Amérindiens dans des réserves, coupés pour de bon de leurs alliés français qui, eux, entraient dans l'ère de l'obéissance… qui dure jusqu'à maintenant.

Mais je saute des étapes ! Reportons-nous à Montréal, le 8 septembre 1760. C'est là que s'est joué le dernier acte de la vie française. Imaginez les habitants angoissés qui assistent à la cérémonie de la capitulation devant le château Ramezay. À ce moment, on entre dans le régime anglais sans savoir où tout cela va nous mener. Bien sûr, certains citoyens fâchés avec le pouvoir royal français ou en concurrence avec lui se réjouissent, notamment certains prêtres qui voient là une occasion de raffermir leur influence sur la population devenue tellement « impie » sous le régime français. En effet, au grand désespoir des idéalistes catholiques qui, depuis les Jeanne Mance et Chomedey de Maisonneuve, rêvent d'une mission spirituelle pour le peuple néo-français, ce dernier l'ignore superbement en préférant l'aventure. Les Canadiens ne sont pas des saints, loin de là ! La dure vie dans la colonie attire les tempéraments vifs et frondeurs, qui ne font pas les meilleures ouailles pour le clergé. Mais les vaincus se feront peut-être plus timides, dociles et surtout bon catholiques. De plus, si le pouvoir civil français est décapité, cela ne laisse que l'Église comme organisation capable de « représenter » les Canadiens. L'historien Marcel Trudel dit qu'un *Te Deum* fut célébré dans une église pour saluer la victoire des Britanniques. Cet opportunisme de l'Église au lendemain de la défaite préfigure celui des années 1840 – 80 ans plus tard – après la défaite des patriotes. Mais je saute des étapes. Revenons au jour de la déconfiture.

LA CAPITULATION EST UNE DÉCAPITATION

Il faut lire les *Lendemains de conquête* du chanoine Lionel Groulx, grand artisan de l'enseignement de notre histoire nationale, même si son œuvre a été enterrée (comme tout ce qui date d'avant 1960). Le courageux François-Gaston de Lévis, qui veut encore se battre, n'a que 2 400 soldats dans ses rangs alors qu'il doit faire face aux 19 000 hommes du général Amherst. Et son patron, le marquis de Vaudreuil, ne l'appuie pas. Pour ajouter à son découragement, nos alliés amérindiens, dont un groupe de rarissimes Iroquois (devenus catholiques), se rendent au-devant d'Amherst pour demander sa clémence afin d'être épargnés par le châtiment du chef de guerre anglais. Ainsi songent-ils à se placer du côté du vainqueur, ne sachant pas ce qui les attendra plus tard. Pour Lévis, la capitulation est finalement la seule issue possible : faire preuve d'intrépidité serait suicidaire puisque les puissances britanniques sont massées à Lachine, à Sorel et à Repentigny. Jeffery Amherst refuse cependant les honneurs de la guerre aux Français ; indigné, Lévis brûle ses drapeaux et brise son épée, au lieu de la rendre comme la coutume le veut.

Après cette défaite, la France perd son vaste territoire nord-américain, alors que Louis XV, sans vision, ne réalise pas que le monde entier aurait été sous influence de Paris s'il avait gardé la Nouvelle-France... du moins, c'est mon opinion que le roi ne comprend pas ce qu'il perd alors et ce qu'il aurait gagné à tenir bon. Le souverain se rend à la perspective européocentriste de ses ministres et d'un écrivain comme Voltaire à qui les Canadiens-français reprocheront amèrement son expression « quelques arpents de neiges » (que l'on trouve dans son roman *Candide*) ! Et la France qui renonce ainsi à presque toute l'Amérique du Nord va plus tard financer les révoltés américains pour se « venger ». Cela lui coûtera d'ailleurs si cher que les états généraux seront convoqués et le mécontentement général débouchera sur la Révolution française.

Selon l'historien Michel Brunet, l'élite, les chefs militaires et les administrateurs doivent alors quitter la Nouvelle-France à tout jamais sur les navires britanniques. Sur l'actuelle place Jacques-Cartier, il faut voir ces vaincus monter à bord de grands radeaux avec leurs meubles, leurs biens, et descendre le fleuve jusqu'à Québec en saluant les habitants de Longueuil, Pointe-aux-Trembles, Repentigny, Boucherville, Varennes, Sorel, Trois-Rivières, etc. C'est triste : ces colons, descendants de la France, sont laissés à eux-mêmes. Les très influents jésuites, que la Couronne anglaise tolère mal, se voient, comme les Récollets, interdits de recruter de nouveaux membres ou d'en faire venir de France : une manière de les décimer graduellement, au rythme des décès. Les autres ordres religieux restés sur place (dont plusieurs parlent les langues amérindiennes) peinent aussi à recruter. Désormais, notre peuple orphelin n'a pour « élite » que le petit clergé précaire ; et au sommet, pour nous guider (mais qui l'écoute ?) monseigneur Jean-Olivier Briand, successeur de monseigneur de Pontbriand, qui vient de décéder. Monseigneur Briand comprend qu'avec la Conquête, il sera plus facile de remettre dans le droit chemin les « vaincus » que nous sommes devenus... mais l'Église a des croûtes à manger avant de devenir l'institution dominante qu'elle sera quatre-vingts ans plus tard.

Pendant trois ans tandis que les puissants négocient, tout est possible... y compris la rétrocession à la France. Comme d'habitude, notre sort se décide ailleurs, en Europe, où les grands de ce monde dansent et jouent aux échecs. Et nous ne sommes pour eux qu'un pion, qui peut être sacrifié à tout moment. Imaginez que les rois français et anglais conviennent d'un accord où la Nouvelle-France est rétrocédée : Amherst aurait alors à dire au revoir et à sagement plier bagage. C'est fou de penser à ce flottement de notre destinée, aussi angoissante que pleine d'espoir, à cet avenir remis complètement entre d'autres mains. Cette habitude de laisser les autres décider à notre place, nous n'allons malheureusement jamais parvenir à nous en débarrasser... Pour nous, cette soumission nationale s'articulera autour de l'axe Londres-Rome et des deux figures d'autorité suprême que sont d'un côté le roi ou la reine, de l'autre le pape. Lorsque l'impitoyable Amherst assiste, avec plusieurs de ses hommes mal en point, à l'incendie de l'Hôpital général des Sœurs grises de Marguerite d'Youville, il chante les louanges de cette organisation qui soigne les blessés de tous les camps, autant les habits rouges que les bleu-gris, et il organise immédiatement une collecte de fonds pour la reconstruction de l'hôpital. C'est le premier coup de cœur entre le conquérant (pourtant protestant) et l'Église !

1763 – TRAITÉ DE PARIS

Le 10 février 1763, Louis XV signe un papier et la Nouvelle-France n'existe plus. Avec ce Traité de Paris, le roi britannique devient le souverain légitime du Canada. Pourtant, il s'en est fallu de peu. Londres a même été tentée de remettre à la France sa gigantesque colonie américaine, présumant que tôt ou tard la Nouvelle-Angleterre, tellement peuplée, allait se déverser vers l'Ouest et envahir le territoire français. Est-ce que la France savait déjà que certains colons britanniques protesteraient et se rebelleraient ? Quel paradoxe ! L'Angleterre, qui a vaincu la France ici, se voit en effet désormais menacée par ses enfants de la Nouvelle-Angleterre, qui ne veulent pas partager la facture de la victoire. « D'accord nous paierons, mais à condition que vous nous donniez un gouvernement responsable » réclament George Washington et ses acolytes. Surprise : voilà que les Anglais redoutent que leurs tout nouveaux sujets se soulèvent et prennent les armes aux côtés des récalcitrants colons britanniques pour chasser les habits rouges.

RÉVOLTE AMÉRINDIENNE ET SOUMISSION FRANÇAISE

Un épisode de cette « parenthèse » entre la Conquête et l'officialisation du transfert est moins connu et c'est dommage. Je veux parler de la révolte de Pontiac. Celui-ci refuse la défaite et continue de se battre au nom du roi de France. Il n'attend pas sagement que le sort de son peuple, les Algonquins, soit déterminé par des décideurs à perruques blanches à Londres ou à Paris. Il espère faire revivre le nouveau grand peuple franco-amérindien (dont rêvait Samuel de Champlain si l'on en croit son biographe américain, David Hackett Fischer) qui existait officiellement depuis la Grande Paix de 1701 grâce au diplomate Louis-Hector de Callière. Cette courtepointe raccommodée de dizaines de nations amérindiennes souvent jadis ennemies, et de colons français éparpillés sur un immense territoire, forme quand même, sous l'autorité du roi, une entité nationale. Mais, les Anglais vont rapidement tout faire pour diviser les protagonistes de cette Grande Paix en isolant d'un côté les Canadiens et de l'autre les Amérindiens. Chacun va s'enfermer dans sa réalité, oubliant peu à peu l'autre.

La vie de Pontiac est peu connue, même de ses descendants algonquins. Le grand conteur de notre épopée nationale, Marcel Tessier, que tout le monde devrait lire – une chose que j'ai répétée mille fois sur les ondes –, m'a initié à l'histoire de ce grand personnage trop souvent réduit à une « marque de voiture ». Ce téméraire guerrier tué en 1769 par un Illinois à la solde des Anglais ferait un excellent candidat pour un film à grand déploiement. Membre de la tribu des Outaouais de Détroit, de son vrai nom **Obwandiyag**, il était peut-être métissé, ayant du sang français. Si on le nomme Pontiac, c'est par commodité langagière. Bien sûr, à l'époque, l'orthographe est très artistique, avec différentes versions : Pondiac, Pondiag, Pondiak, Pontiak. Chose inimaginable pour ce chef amérindien, c'est une compagnie de voitures basée à Détroit, sa ville natale, qui finira par officialiser l'orthographe de son prénom.

En réaction à l'initiative des Anglais de reprendre le commerce des spiritueux qui abrutissent, diminuent et détruisent les nations peu habituées à cette drogue liquide, les Amérindiens se révoltent et Pontiac lève une armée de 50 000 hommes. Ils refusent que les Britanniques imposent leurs conditions. Ils réclament que l'arrangement avec le roi de France soit en quelque sorte maintenu, notamment pour se prémunir contre le déversement de colons anglais sur leurs terres.

Excédé par les victoires de Pontiac contre ses troupes, Amherst imagine un plan diabolique. Il adresse ce message à l'un de ses colonels : « Ne pourrions-nous pas tenter de répandre la petite vérole parmi les tribus indiennes qui sont rebelles ? Il faut en cette occasion user de tous les moyens pour les réduire. » La réponse du colonel : « Je vais essayer de répandre la petite vérole grâce à des couvertures que nous trouverons le moyen de leur faire parvenir. » « Vous ferez bien de la répandre ainsi, répond Amherst, et d'user de tous les autres procédés capables d'exterminer cette race abominable[4]. » Ainsi, tandis que les Canadiens se soumettent, certains de leurs alliés refusent de renoncer et les Britanniques le leur font chèrement payer.

Comment qualifier ce refus de combattre avec Pontiac, cet abandon odieux de la part de notre peuple auparavant fier ? Je dirais qu'il s'agit du péché originel du Canada français. Honte à nous ! Et si toutes les défaites subséquentes,

4. Charles Nicolle, *Destin des maladies infectieuses*, 3e édition, Paris, Les Presses universitaires de France, 1939, 303 p.

les référendums perdus, les batailles humiliantes découlaient de cette lâcheté initiale ? Malgré la défaite de ses troupes, la destruction de Détroit (dont les familles françaises partent plus au sud pour fonder Saint-Louis) et l'assassinat de son chef, le soulèvement mené par Pontiac porte ses fruits : les Anglais auront davantage de « respect » pour cet ennemi potentiel redoutable que représentent dorénavant les Amérindiens. Imaginez : Pontiac, si bien rompu aux us et coutumes des Français, s'était donné un sceau et avait fait émettre des billets de crédit pour financer son expédition, comme l'aurait fait un État moderne, nous apprend Pierre Salinger. « Nous préférons les avoir comme amis que comme ennemis », se disent les Anglais devant cet adversaire intimidant.

1774 – LA LÉTHARGIE PAYANTE

Oh les gentils Canadiens qui acceptent leur sort ! Il faut dire que l'Église les encourage fortement à accepter de bon cœur le nouveau pouvoir. Qui plus est, le clergé se méfie comme de la peste des révolutionnaires républicains. Lord Dorchester, ou Guy Carleton, négocie donc un statut spécial pour nous dissuader d'embarquer avec ceux qui veulent rompre avec la monarchie (dans les futurs États-Unis). Comme nous voulons conserver notre langue et notre religion, Carleton promet par l'Acte de Québec de 1774 de respecter ces traits essentiels de notre identité. De surcroît, l'Acte de Québec agrandit notre territoire (déjà démesuré), abolit le serment du test (ce qui ouvre grand les portes du fonctionnariat aux catholiques) et accorde à l'Église le droit de prélever la dîme. Ce qui paraît toute une victoire ne nous donne quand même pas le droit d'avoir un Parlement. Londres exerce le pouvoir par l'entremise de son gouverneur, mais ce dernier est souvent contesté, non par les Canadiens, mais par les tout nouveaux colons anglais, souvent des Irlandais et des Écossais. En effet, ces derniers, déjà acculturés linguistiquement puisqu'ils parlent anglais, entendent faire subir le même sort aux Canadiens et se montrent plus monarchistes que le monarque lui-même.

Les Anglais nouvellement arrivés avec l'intention de s'imposer se divisent donc en deux groupes. Je force un peu le trait, mais je veux brosser un portrait clair : on retrouve d'un côté, les gens du peuple pour qui le fanatisme prime et qui font preuve de haine contre les Français et leurs alliés les Amérindiens ; et de l'autre, des grands seigneurs au pragmatisme sans faille. Un véritable clivage sépare les classes sociales nobles et roturières chez les « Anglais » (souvent des Écossais ou des Irlandais). Les dirigeants (nobles) veulent ménager les conquis, d'autant plus qu'ils craignent le réveil du dragon de la révolte chez les Américains. L'Acte de Québec, qui veut se concilier les Canadiens en respectant leur droit d'exister, va exciter une rage incroyable chez les petits colons anglophones nouvellement arrivés. Leur tête de Turc : le roi George III. Soudainement, ce monarque anglais trop mou devient l'objet de leur exécration, car il vient de faire des concessions aux papistes. Lorsque le Vieux-Montréal brûle et qu'une centaine de résidences sont détruites, le petit peuple anglais applaudit en se disant : « Qu'ils retournent en France ! » Mais, de richissimes Anglo-Montréalais, soucieux de respecter la volonté du roi, financent la reconstruction de ces maisons pour y reloger les mêmes familles canadiennes. En guise de reconnaissance, un royaliste admirateur de George III lui fait ériger une grande statue à la place d'Armes. Rapidement le monument est endommagé, non pas par des Français (ou plutôt des Canadiens) qui aiment bien ce roi qui respecte leur droit d'exister, mais par de fanatiques petits Anglais qui attaquent le monument représentant ce roi qu'ils jugent « fou » et « vendu aux papistes » de l'ancienne Nouvelle-France. Malgré la récompense offerte (200 piastres), personne ne dénonce les malfaiteurs. Et ladite statue n'est pas au bout de ses peines.

1775 – INVASION AMÉRICAINE

Le général George Washington, en révolte contre l'Angleterre et ses habits rouges, passe à l'action. Le Congrès continental envoie le général Richard Montgomery envahir Montréal. Ses armées et lui bivouaquent à La Prairie et sur L'Île-des-Sœurs. À l'époque, il y réside effectivement des « bonnes sœurs » de la congrégation de Notre-Dame de Marguerite Bourgeoys (qui devient entièrement propriétaire de l'île en 1769 et ne la quittera qu'en 1956). N'ayant pas d'ennemis, les religieuses les reçoivent bien, et en retour, elles sont bien traitées.

Les Anglais battent en retraite et cèdent la place aux Américains sans combattre. Pendant que Dorchester prend peur et s'enfuit de Montréal, Montgomery s'installe (confortablement) au château Ramezay. Ses soldats en permission, et probablement sous l'emprise de la boisson, commettent des facéties comme celle de kidnapper le buste du roi George III pour le précipiter au fond du puits de la place d'Armes. Rassurez-vous, il sera repêché en 1834 – près de 60 ans plus tard – et, aujourd'hui, vous pouvez le voir au Musée McCord (face à l'Université McGill).

Le pari des nobles britanniques s'avère payant : le peuple canadien refuse de se révolter. À leurs yeux, les voisins du Sud, hostiles et tout près, semblent beaucoup plus menaçants que le lointain souverain britannique. Mieux vaut un maître qui vit à plusieurs milliers de kilomètres que celui qui habite juste à côté !

1791 – ACTE CONSTITUTIONNEL – ENFIN UN PARLEMENT, MAIS...

Ça y est : les États-Unis ont fait sécession. L'Angleterre reste avec sa colonie nordique. Et elle a bien l'intention de montrer aux Canadiens qui ont parié sur elle que le développement du pays sera britannique (quoiqu'avec de l'huile de bras et de la sueur canadiennes-françaises). Après moult secousses, nos ancêtres doivent avaler l'Acte constitutionnel de 1791. Celui-ci divise – pour mieux régner – l'ancienne colonie en deux parties : le Haut et le Bas-Canada, qui correspondent respectivement à l'Ontario (où l'on aura le loisir d'être aussi anglais que l'on veut) et au Québec (où l'on ne fera jamais assez de concessions pour accommoder les Anglais).

D'où vient la population de la future province d'Ontario ? Du Sud. Une forte proportion de ceux qui ont refusé de se battre aux côtés de George Washington ou qui ont pris les armes contre lui se réfugie au Nord. Une petite partie s'installe au Québec – notamment en Estrie où certains réclament immédiatement l'abolition du français et du droit civil français –, mais la majorité va essentiellement en Ontario et au Nouveau-Brunswick (dans le but de nous encercler et de nous couper de l'Ouest franco-amérindien avec ses Métis).

La Compagnie de la Baie d'Hudson devient à ce moment-là la grande héritière de tous les immenses territoires hors du Haut et du Bas-Canada. Il faut dire que le monarque (George III) aime confier des responsabilités à de grandes compagnies privées. C'est l'ancêtre en quelque sorte des « partenariats public-privé » qui plaisent beaucoup à une certaine élite puisqu'ils permettent de mettre de l'argent public dans les poches du privé. L'apparition d'une classe de gens d'affaires extrêmement proches du pouvoir est alors inévitable.

À Québec, dans l'ancien château Saint-Louis, les miettes de pouvoir que nous laisse le régime colonial attire tout ce qu'il y a de lèche-bottes. Ceux-ci négligent le petit peuple et ses revendications souvent exprimées sous forme de pétitions ; à certains moments, on croule sous les pétitions, il y en a un déluge ! Québec devient la capitale de la politique coloniale où l'on parle de routes, de ponts, de dragage du fleuve, etc. Montréal devient la ville d'affaires contrôlée par les Anglais et les Écossais. Le Beaver Club est le lieu des tractations et l'on y accepte même les Canadiens français pour autant qu'ils se montrent anglophiles. À Trois-Rivières, les Forges du Saint-Maurice passent sous le contrôle des célèbres familles Hart et Bell qui embauchent des porteurs d'eau. L'influence des Hart est telle que les Trifluviens élisent le premier juif au Parlement en 1807. Contrairement au cliché, cette période du Canadien français porteur d'eau n'est pas complètement sombre. Les Canadiens français vivent alors comme en marge de l'histoire, ils jouissent d'une terre nourricière et se moquent éperdument des grandes questions politiques de l'époque qui, tôt ou tard, les affectera.

ENTRACTE ENTRE 1791 ET 1834 : LA SOUMISSION TRANQUILLE

Entre la naissance du Bas-Canada et l'apparition des troubles politiques de 1834 dont Louis-Joseph Papineau sera le porte-voix, il y a une période de soumission. D'abord, nous échappons à l'affreuse et meurtrière Révolution française, tant détestée par les Canadiens et par l'Église de cette période qui se scandalisent que l'on coupe la tête du roi Louis XVI ! Ensuite, il y a l'épopée napoléonienne. Tout le Canada, qui vibre au diapason de l'Angleterre, est censé l'exécrer. Bien que la tentation américaine ne soit pas morte – des émissaires de la nouvelle République viennent nous faire les yeux doux –, les Canadiens continuent à trouver les Américains beaucoup plus dangereux que le lointain roi de Londres qui se montre relativement généreux.

Pendant qu'en Europe, les évènements prennent une tournure violente – ça brûle et ça saigne ! – ici la vie continue (exception faite de l'invasion américaine ratée de 1812, mais j'en parlerai plus tard). Les Canadiens travaillent fort, mais la docilité paie, pour l'instant du moins. L'historienne Micheline Lachance dépeint magnifiquement cette étrange période de notre peuple dans les œuvres de fiction *Lady Cartier* et *Le roman de Julie Papineau*. Ces récits qui nous plongent dans la vie quotidienne de l'époque constituent une lecture bien plus formatrice, mémorable et substantielle que les textes arides de trop d'historiens.

Immigrant écossais et grand observateur de l'époque, le peintre George Heriot décrit ainsi notre situation : « Le Canada est un pays charmant pour la misère. Les hommes comme les chevaux sont obligés de donner plus que leur mesure. Les Anglais sont passables, mais ne sont pas polis comme les Français et se mettent souvent en colère sans savoir pourquoi. » Pour résumer, nous sommes alors affables, polis et doux. En un mot, nous avons tout ce qu'il faut pour devenir de bons colonisés. Les nouveaux villages de l'ancienne Nouvelle-France qui naissent en bordure du Saint-Laurent ont toujours la même allure. On trouve dans leur centre l'église avec son beau presbytère. Ces imposants édifices rappellent en quelque sorte que ce sont les intermédiaires du pouvoir colonial qui dominent la vie régionale. On ne voit pas d'habits rouges, mais il y a les robes noires pour encourager le statu quo. Malgré tout, des élites canadiennes-françaises superbement éduquées se forment et la liste de leurs doléances ne cesse de croître. Vaincue par les armes, notre nation va quand même utiliser le franc-jeu britannique pour se faire valoir par l'arme du verbe : notaires, avocats, journalistes, etc. Une élite civile fait son apparition et le dispute autant aux Anglais qu'au clergé.

1812 – GUERRE CONTRE LES ÉTATS-UNIS

Pour la deuxième fois, les Canadiens contribuent à maintenir le pouvoir britannique. Le président américain James Madison voit que les Anglais sont bien occupés avec Napoléon en Europe, et il décide que c'est le moment idéal pour s'emparer du Canada. Son obsession : prendre le contrôle du Saint-Laurent, boulevard du commerce. Qui plus est, Madison est allié avec Napoléon. Mais encore une fois, les Canadiens font le pari britannique. Le roi britannique demande alors à Charles-Michel d'Irumberry de Salaberry d'affronter les Américains. Ce dernier demande alors la première « revendication de société distincte» (une notion qui sera si chère plus tard à un certain Robert Bourassa). Il souhaite la création d'un corps d'armée canadien avec l'uniforme des Voltigeurs. En compagnie d'Iroquois catholiques, les Canadiens français se battent alors pour le roi d'Angleterre (toujours George III) et repoussent l'envahisseur, mais en échange de quoi ? De rien. Les Anglais n'hésitent pas soit à s'approprier ce fait d'armes comme une victoire du «Canada britannique», soit à minorer l'exploit sous prétexte que les miliciens américains étaient affamés et mal habillés par un froid d'octobre. Ainsi les Canadiens qui sauvent la colonie britannique pour la deuxième fois n'ont droit pour seul salaire qu'à du mépris. Grave erreur de la part de la Couronne! Naturellement, l'habitant continue son train-train quotidien, mais l'injure, elle, ne sera pas oubliée de sitôt. Si une victoire militaire canadienne-française se voit drapée sous le voile britannique, cela ne veut-il pas dire que nous sommes assimilés ? Un peu, oui... Pareillement de nos jours, la contribution québécoise aux Jeux olympiques, souvent disproportionnée, disparaît aussi totalement sous le drapeau «*canadian*» et nos journalistes ne le déplorent même plus. Que ce soit à la guerre ou au jeu, le minoritaire passe facilement inaperçu.

LE MOMENT PAPINEAU

Hélas pour le colonisé, se montrer docile et loyal ne suffit pas. On ne rampe jamais assez bas. Pour avoir le respect du souverain, il faut lui inspirer de la crainte; voilà une vieille vérité humaine que nos aïeux ont presque oubliée après avoir été récompensés par l'Acte de Québec pour leur non-engagement. Mais cette réalité leur rejaillit au visage avec l'ingratitude de la Couronne après leur effort de guerre contre les Américains en 1812.

Peu initiés au parlementarisme, nos députés ont beau voter des lois, le gouverneur et sa clique disposent d'un droit de veto pour annuler les désirs des députés pourtant élus. Malgré cette arrogance, le pouvoir britannique est relativement permissif, dans ses colonies, pour ce qui est du droit d'imprimer des journaux… tant que le propos éditorial ne heurte pas trop directement le Pouvoir. Dès 1806, dans le journal *Le Canadien*, où ils sont libres de s'exprimer, les francophones se permettent de dire ce qu'ils pensent (chose qu'ils ne pouvaient pas faire sous le régime français). Au point où ce journal va pouvoir critiquer le contrôle monétaire et politique des coloniaux sur la vie des électeurs. Car on se rend bien compte qu'une clique proche du gouverneur Craig profite des fonds publics et fait tout pour angliciser le territoire[5]. En un mot, la « race supérieure » des Anglais ne veut rien savoir des ignorants vaincus que nous sommes à leurs yeux. Nous ne représentons plus une menace ou un danger ; alors, pourquoi nous faire des cadeaux ? C'est cette prise de conscience qui préludera à la rébellion des patriotes en 1837.

Pour faire une histoire courte, Louis-Joseph Papineau veut savoir où va l'argent des impôts et des taxes, comme cela se fait déjà au Parlement de Westminster. Papineau, fils d'un arpenteur prospère (qui accède au rang de seigneur) et brillant jeune avocat, incarne le trait d'union entre l'ancien régime et un futur plus démocratique auquel son peuple

---

5. Il n'est pas étonnant d'ailleurs que le maire Jean Drapeau fasse disparaître en 1976 ce nom de la toponymie, la rue Craig ayant été rebaptisée Saint-Antoine.

aspire. C'est peu connu, mais Papineau, qui a soutenu la Couronne dans sa jeunesse, est même allé jusqu'à appuyer Londres pour repousser les Américains en 1812. Mais l'effort canadien, je vous l'ai dit en parlant de Sallaberry, ne sera pas récompensé… bien au contraire ! Maintenant que la menace américaine est écartée (à plus forte raison après la défaite de Napoléon et de la France en 1815), à quoi bon ménager le peuple canadien ? Si les Canadiens pensent se rendre aimables en professant une fidélité à la Grande-Bretagne, ça ne fait que diminuer leur rapport de force.

Selon moi, la Couronne britannique aurait probablement consenti une autonomie accrue au Haut-Canada, mais cela aurait impliqué la même générosité à l'égard des franco-catholiques du Bas-Canada ; et il n'en était pas question. Il faut en convenir, notre histoire est tordue : il y avait chez nos voisins du Haut-Canada un mouvement républicain et démocratique, comme ici, qui s'est soulevé en même temps.

Louis-Joseph Papineau et William Lyon Mackenzie, le chef des réformistes qui est son « vis-à-vis » au Haut-Canada, dépêchent à Londres un duo d'émissaires, Augustin-Norbert Morin et Thomas S. Brown, pour déposer les « 92 résolutions ». Non seulement Londres fait la sourde oreille, mais la métropole vient gruger encore davantage les pouvoirs existants. S'il y a de la corruption dans la colonie, Londres veut s'en occuper elle-même, quitte à blâmer le gouverneur. Mais il est hors de question que le peuple ou ses représentants élus mettent leur nez dans le registre des dépenses publiques. Ludger Duvernay fonde alors la Société Saint-Jean-Baptiste afin de regrouper les Canadiens français divisés et d'affirmer leur identité tout en s'intéressant aux affaires. On aspire à la création d'un Québec inc. En 1835, la Banque du Peuple est fondée pour répondre à celles des Molson et des McGill.

Le climat se fait de plus en plus volcanique et les Anglais encouragent la création de clubs monarchistes et de milices royalistes. Cela sent la guerre civile. À ce moment, chez les Canadiens français, l'étoile du grand orateur Louis-Joseph Papineau brille de mille feux. On le surnomme l'incorruptible. Son intelligence est légendaire. L'expression « Ça ne prend pas la tête à Papineau pour comprendre ça » est d'ailleurs encore utilisée aujourd'hui par des gens qui ne savent plus qui était Papineau. À un certain moment, le pouvoir anglais essaie de l'acheter en lui offrant une belle situation (et pourquoi pas un éventuel titre de sir ?) mais il n'y a rien à faire.

LA CROISÉE DES CHEMINS

Il y a un épisode de cette époque politique que je trouve éloquent : l'inauguration en 1836 de la ligne de train de la Champlain and St. Lawrence Railroad, reliant La Prairie à Saint-Jean-sur-Richelieu. L'obsession des gens d'affaires de Montréal est de supplanter Québec avec son port, et c'est avec le chemin de fer, puis grâce au pont Victoria, qu'ils vont y arriver. Le but ultime : rejoindre Portland et New York. Mais les débuts sont plus modestes en visant Saint-Jean-sur-Richelieu (et son canal). Cette initiative privée regroupe 74 hommes d'affaires qui ont accumulé une cagnotte de 50 000 livres sterling. Des centaines de personnalités sont venues voir la locomotive d'origine écossaise, la Dorchester. Protocole oblige, le chef du Parti patriote, Louis-Joseph Papineau, l'homme pour un gouvernement plus responsable, est parmi les invités de marque. Il y a des odeurs de rébellion dans l'air. Le train, sur des rails de bois, part à midi trente avec seulement deux wagons à remorque. Le reste de la rame est tirée par des chevaux, car on craint que les roues tournent dans le beurre. Personne ne se doute alors que ce moyen de transport va fournir la colonne vertébrale économique artificielle pour ce très vaste pays qui a grand besoin de se « structurer ».

DIEU ADORE LES TIÈDES

À la veille du conflit, certains fidèles de Papineau trouvent leur chef trop radical et cessent de l'appuyer. L'Église choisit son camp : celui de la Couronne britannique. Ceci est peu étonnant : le mouvement républicain et démocratique est tenu pour être foncièrement « anti-catholique » – athée, socialiste, matérialiste, etc.

Monseigneur Jean-Jacques Lartigue ordonne à ses fidèles de ne plus suivre Papineau et son Parti patriote sous peine d'excommunication. Et dire que ce monseigneur est le cousin de Papineau. Il est aussi le cousin d'un autre patriote important, quoique plus modéré, Denis-Benjamin Viger. Comme quoi l'élite est petite et les familles ne sont pas forcément très harmonieuses ! La machine ecclésiale se met en branle pour saper le soutien populaire au mouvement républicain, mais le pouvoir de l'Église n'est pas encore aussi considérable qu'il le sera plus tard. La popularité de Papineau augmente néanmoins. Les patriotes (comme on les appelle) ont hâte d'en découdre. Trop hâte ? Sans doute le pouvoir anglais est-il heureux de les voir prendre les armes prématurément, à un moment où il est possible de les écraser.

L'affrontement a lieu le 23 novembre 1837 par un temps humide et froid à Saint-Denis-sur-Richelieu. Mal armés mais téméraires, les patriotes, sous les ordres de l'intrépide docteur Wolfred Nelson (qui sera maire de Montréal de 1854 à 1856), affrontent l'armée professionnelle du lieutenant-colonel Charles Stephen Gore. Et les Canadiens gagnent ! Pour servir de négociateur pendant les combats, Papineau s'exile au Vermont, à l'abri des assassins. Donc, paradoxe : Papineau, qui voulait repousser les Américains en 1812, va maintenant voir les Américains pour réclamer leur appui. Il rencontre le président qui refuse. Celui-ci veut rester neutre.

Pendant près d'un an, jusqu'en novembre 1838, 17 batailles ont lieu et la plupart sont favorables aux Britanniques. En décembre 1837, l'église de Saint-Eustache se fait bombarder. Le docteur Jean-Olivier Chénier et ses compagnons s'y sont réfugiés. Chénier meurt alors qu'ils sont assiégés par l'armée britannique.

En novembre 1838, Joseph-Narcisse Cardinal et Joseph Duquet, trahis par des Mohawks chez qui ils voulaient acheter des armes importées des États-Unis, sont faits prisonniers. Ils seront pendus le 21 décembre 1838. Cas douloureux pour Duquet, qui, mal attaché par le bourreau, se fait défigurer par la corde avant d'être pendu « correctement », devant le regard horrifié de la foule. Ce jeune homme de 23 ans n'avait rien d'un exalté. Apprenti notaire, il était promis à un bel avenir, auquel son intrépidité a mis fin. C'en est fait des patriotes. Des rebelles, disent les Britanniques, alors dirigés par l'impitoyable John Colborne. Les nouvelles élites canadiennes-françaises sont écrasées ; il n'en reste plus qu'une : l'Église ! C'est alors le début de la période ultra-religieuse et ultraconservatrice du Canada français qui non seulement se renferme sur lui-même pour se protéger, mais qui attire les nostalgiques de l'ancien régime en France, déçus du modernisme qui triomphe en Europe.

MONSEIGNEUR BOURGET, LE VRAI CHEF

On dit souvent que notre histoire ne compte aucun gagnant, seulement des perdants ; c'est faux ! Il y a un homme qui gagne à tout coup et qui calcule aussi sûrement et froidement qu'un Talleyrand ou un cardinal de Richelieu : monseigneur Ignace Bourget. Si les souverainistes québécois avaient étudié son génie au lieu de constamment le traîner dans la boue, cela leur aurait peut-être souri.

Oui, monseigneur Bourget est un colonisé d'un autre genre : son maître, c'est Rome ! La preuve de cette soumission : la basilique-cathédrale Marie-Reine-du-Monde a été bâtie comme une mini copie conforme de la basilique Saint-Pierre de Rome et érigée dans l'ouest de la ville pour narguer le pouvoir anglais. Une part de la vitalité que monseigneur Bourget insuffle au Canada français provient d'un autre genre de « loyalistes » dont on ne parle presque jamais (sauf dans quelques ouvrages spécialisés) : les nombreux réfugiés religieux qui viennent de France pour trouver chez nous une idylle d'ancien-régime sous un roi (peu importe si celui-ci est anglais). Tandis que l'Église périclite en France, elle s'érige comme une institution toute-puissante et tentaculaire au Canada-français.

Monseigneur Bourget marquera profondément notre nation. L'Église, sous ses ordres, va multiplier les collèges classiques, les séminaires, les institutions de haut savoir, etc. Aux Britanniques, monseigneur Bourget dit quelque chose comme : « Faites-moi confiance ! Nous allons instruire le peuple canadien, mais nous n'en ferons pas des Louis-Joseph Papineau ou des fervents de Napoléon. » Il fait revenir les Jésuites et invite un grand nombre d'ordres et de communautés françaises, qui se sentent souvent persécutés en Europe, à s'implanter chez nous. Mine de rien, l'Église dote alors le Québec d'un État moderne avec un filet social, des orphelinats, des hôpitaux, des écoles, des sociétés d'entraide, etc. Sauf que ce n'est pas le gouvernement qui les gère, mais l'Église forte de ses dizaines de milliers de « bénévoles » ! Ironiquement, on pourrait dire que le haut-clergé canadien-français, qui a le républicanisme en horreur, va finir par provoquer la « Révolution tranquille » 120 ans plus tard.

Monseigneur Bourget joue un tour aux Britanniques. D'un côté, il prêche la soumission au monarque et la haine du républicanisme, mais de l'autre, il prône un « natalisme » vigoureux qui décuple la population française ; au grand dam des conquérants qui veulent la noyer dans l'immigration massive irlando-écossaise. Les villes s'anglicisent à une vitesse incroyable ! Trois-Rivières, Québec et Montréal deviennent des villes majoritairement anglaises avant que la natalité encouragée par l'Église fasse son effet et contrebalance. Même moi, dans les années 1950, je voyais le curé faire pression sur les paroissiens, y compris mes parents, pour agrandir la famille.

LORD DURHAM AIME LES MINORITÉS... SAUF LA NÔTRE !

Au lendemain des évènements sanglants de 1837 et 1838, Londres décide de nous envoyer un homme noble et très francophile qui a la réputation de se montrer ouvert et compréhensif envers les minorités de l'empire. Lord Durham, sur le papier, a tout de la personne qui va nous aimer et se battre pour nos droits.

Il est bien accueilli, mais cet habitué des grandes capitales et du français d'élite se retrouve face à des habitants qui parlent un français inintelligible à l'accent royal tombé en désuétude à Paris. Dans ces conditions, « à quoi bon rester français ? » se dit-il. Face à ce peuple qu'il estime ignorant, inculte et sans histoire, il propose d'unir le Haut et le Bas-Canada et de mettre ainsi les Français en minorité ; tout en préconisant une seule langue officielle : l'anglais. En 1840, la fusion des deux Canada est accomplie. Le but : assimiler les Canadiens français pour de bon. Les affaires et la politique s'anglicisent obligatoirement, ce qui vient conforter encore davantage le pouvoir de l'Église catholique qui devient le seul véhicule d'affirmation et de réussite professionnelle en français.

En fermant la porte de l'État à la langue française, le pouvoir britannique aide l'Église canadienne-française à se constituer en véritable État dans l'État. Monseigneur Bourget comprend que cette volonté d'anglicisation de la part de Londres va finalement jouer en sa faveur en faisant de l'Église le seul débouché. Il publie une lettre pour saluer l'Acte d'Union de 1840. Il dit comprendre que l'Angleterre veuille gérer son immense empire dans la même langue. Quel homme rusé ! Quel opportuniste aussi ! C'est ainsi que lord Durham échoue. Et cet échec profitera énormément à monseigneur Bourget qui se frotte les mains. Devant ce « Canada uni » hostile à sa culture, soit le Canadien français se renie et passe à l'anglais pour n'en plus revenir, soit il trouve refuge et s'accomplit dans la grande et puissante organisation qu'est l'Église catholique. Cette puissante Église formera les générations suivantes d'avocats, de médecins, de peintres, d'architectes, d'écrivains, etc. Le « peuple sans culture », dont parlait Durham, va survivre même à sa mise en minorité et à son exclusion des affaires politiques et commerciales.

LA (FAUSSE) IDYLLE CAMPAGNARDE ET LA SAIGNÉE DÉMOGRAPHIQUE

Pendant que l'Anglais s'approprie la ville, le Français se retranche dans les vastes campagnes. L'Église encourage ce mode de vie agricole jugé plus sain tout en encourageant les grandes familles. Et bien sûr, c'est elle qui domine. Si certaines régions vont bien, avec leurs terres nourricières, d'autres, plus dures, ne suffisent pas. Les États-Unis tout près d'ici s'industrialisent à la vitesse de l'éclair et tendent la main aux Canadiens français pour travailler dans les manufactures. Que feriez-vous si vous mourriez de faim dans un village, mais qu'on vous offrait des sous, assez pour vous loger et manger dans le Massachusetts ? Vous partiriez. Plus d'un demi-million des nôtres s'exilent, ce qui agace l'Église. D'un côté, on fait des enfants, assez pour ne pas se faire noyer démographiquement par l'immigration ; de l'autre, on saigne vers les États-Unis, qui ont du pain à offrir et mieux : un rêve. Et là-bas, le souhait de Durham se produit bel et bien : l'assimilation. Les communautés canadiennes-françaises aux États-Unis se jettent dans la gueule de l'anglicisation, d'autant plus que les Irlandais, là-bas, tiennent souvent les rênes de l'Église et exècrent le français. L'argent de la dîme payée par les exilés sert souvent à leur propre défrancisation.

Quel meilleur exemple que celui du grand écrivain Jack Kerouac qui a écrit *The Dharms Bums* [1958] et *On the Road* [1957]. Né français à Lowell, Kerouac baragouinait le joual, incapable de se faire comprendre à Paris, et écrivait en anglais. Je me souviens qu'il s'est fait interviewer par Fernand Seguin à Radio-Canada, à l'émission *Le sel de la semaine* lors de sa visite à Montréal en 1966. C'était très laborieux, pour lui, de parler français. C'était plutôt du franglais. En l'espace d'une génération, les nôtres se sont fait angliciser. Les écoles enseignaient strictement en anglais et punissaient quiconque s'exprimait en français.

Pendant tout le XIXe siècle au Québec, plus que jamais l'Église, bornée, insiste sur l'idylle campagnarde : hors de l'agriculture, point de salut. On colonise donc, de peine et de misère, des régions comme le Saguenay–Lac-Saint-Jean, l'Abitibi-Témiscamingue (où c'est plus difficile) et les rocailleuses Laurentides qui deviennent des terres d'élevages plutôt que des terres agricoles.

Enfin, plusieurs trouvent un compromis entre la campagne et l'exil américain : revenir à Montréal. La future métropole, qui déclassera bientôt Québec, fait les yeux doux à la main-d'œuvre bonne et pas chère des Canadiens français. L'industrialisation galopante fait en sorte que Montréal, débordée de petits habitants canadiens-français venus trouver « de l'ouvrage », se refrancise. L'Église est bien obligée de suivre et d'ériger des centaines de paroisses et de clochers en ville. De là seulement date l'expression « la ville aux cent clochers ». Lorsque Mark Twain visite Montréal à cette époque, il blague en disant que c'est la première fois qu'il se trouve dans une ville où on ne peut pas lancer une brique sans briser un carreau d'église. C'est la même chose à Québec, à Trois-Rivières, à Sherbrooke et à Hull (aujourd'hui Gatineau) : des villes que l'on n'imagine plus avoir été majoritairement anglaises.

Pour bien marquer la reconquête catholique française de Montréal, on érige une grande croix sur le mont Royal et, plus tard, un magnifique oratoire. Nécessité oblige – parce que les usines attirent les masses qui crèvent de misère à la campagne –, l'Église tire un trait sur sa (fausse) idylle campagnarde. Combien serions-nous aujourd'hui si nous avions conservé tous les nôtres au lieu de les perdre dans l'assimilation américaine ou canadienne-anglaise ? Certains démographes parlent de 13 millions. Le fait que Durham verrouille les affaires ainsi que la politique, et que monseigneur Bourget veuille à tout prix nous reléguer à la campagne, y compris sur des terres de Caïn, nous a coûté la moitié de notre population ! Elvis Presley descend de nous. Madonna a des aïeux de Rivière-du-Loup. Angelina Jolie est une autre grande vedette américaine dont les racines canadiennes sont méconnues.

Mais revenons un peu en arrière et voyons ce qui se passe au lendemain de l'adoption de l'Acte d'Union, lorsque les Canadiens français trouvent un allié inopiné dans la personne du gendre de lord Durham, lord Elgin, qui va essayer de réparer les erreurs de son beau-père.

LA GAZETTE ALLUME LE FANATISME – 1849

Y a-t-il des chicanes dans la famille ? Contre son beau-père Durham, lord Elgin, nommé gouverneur en 1847, refuse de nous angliciser. Après des années d'interdiction du français au Parlement (situé à l'époque à Montréal sur l'actuelle place D'Youville), il fait marche arrière. Lui-même s'exprime au nom du roi dans les deux langues, ce qui choque les oreilles des impérialistes. Souvenez-vous du roi George III détesté par les colons anglais qui le trouvaient trop conciliant avec les Canadiens français.

Dans le cas de lord Elgin, c'est pire. Il accepte d'indemniser les habitants de l'ancien Bas-Canada qui ont vu leurs maisons et leurs fermes saccagées par les troupes anglaises (ce qui avait déjà été octroyé aux résidents du Haut-Canada). Bref, Elgin est l'homme de la réconciliation. Pourquoi son nom est-il aussi absent des mémoires et des places publiques ? La communauté anglophone le déteste tellement, stimulée par le journal *The Gazette*, qu'elle envisage le rattachement aux États-Unis ! Alors que sa calèche reçoit des jets de roches, il redoute de finir lynché par la foule. Dans le même temps, des fanatiques partent incendier le parlement. Les pompiers, tous anglophones, vont même s'y mettre : ils sabotent leurs boyaux d'incendie pour laisser au bâtiment le temps de brûler.

Lord Elgin juge les coloniaux assez responsables et bien éduqués pour gérer leurs propres affaires et gérer leurs différends. Il insiste pour représenter le roi non plus comme un tâcheron-législateur qui se mêle des affaires, mais comme celui qui officialise les lois, un rôle plus honorifique, comme c'est le cas en Angleterre. Vers la fin de son mandat de gouverneur en 1854, il ouvre le commerce vers les États-Unis pour stimuler l'économie. Il est le précurseur de deux réalités : le rôle purement honorifique du gouverneur général et le libre-échange.

Dernière chose. Saviez-vous qui était le premier ministre pendant l'incendie ? Louis-Hippolyte La Fontaine ! Lui-même a défié, avant lord Elgin, la loi qui obligeait de parler anglais, qu'il qualifiait de cruelle et injuste. Certainement, cet homme magnifiquement cultivé, très conciliant, influence la bonne attitude du gouverneur, qui préfère un homme dans son genre aux « vulgaires parvenus » anglo-écossais, qui par ailleurs veulent lyncher La Fontaine et qui saccagent sa maison. Disons donc qu'avec La Fontaine comme premier ministre, Elgin se fait une idée assez favorable des anciens patriotes et du peuple canadien-français. De là sa clémence. On l'ignore souvent, mais La Fontaine est un « sir ». La reine Victoria l'a anobli en 1855 en lui donnant le titre de baronnet, c'est dire tout le respect que la Couronne avait pour ce Canadien français pourtant exécré par les Anglais. Ces derniers ont dû faire la grimace en voyant quel honneur la reine Victoria lui conférait. Un autre homme aspire à cette distinction et va tout faire pour l'obtenir : George-Étienne Cartier, un autre ancien patriote. Comme quoi le pouvoir corrompt.

GEORGE-ÉTIENNE CARTIER : LE PATRIOTE ANGLICISÉ

La générosité de lord Elgin envers les Canadiens français porte ses fruits. Rapidement, les anciens patriotes se divisent : certains, avec Louis-Joseph Papineau, continuent d'aspirer à la république ; d'autres, avec George-Étienne Cartier, jugent que les concessions consenties par le gouverneur permettent au Canada français de s'accommoder de la « monarchie constitutionnelle » en devenir. Les choses ont changé. La menace américaine pousse les colonies britanniques du Nord à songer à s'unir dans une confédération.

Après l'incendie du parlement à Montréal, la reine Victoria le déménage à Ottawa, où il est davantage protégé d'une éventuelle incursion américaine. Dans l'ancien Bas-Canada, c'est le parti des « modérés » qui gagne. George-Étienne Cartier méprise le « radical » Papineau et sabote la campagne à la mairie de Montréal de son propre beau-père, le maire Édouard-Raymond Fabre. Ce dernier, proche de Papineau, voit Cartier favoriser l'élection d'un autre ancien patriote repenti : le docteur Wolfred Nelson. Pour s'allier les Anglais, Nelson s'engage à éliminer les maladies contagieuses par des campagnes de vaccination et à surpasser Québec comme métropole coloniale grâce aux navires à vapeur de John Molson. Ce qui fonctionne.

Cartier place ses pions avec intelligence. Il n'a pas sans raison obtenu le titre de sir de la part de la reine Victoria. Il se fait le trait d'union entre le Canada français et le pouvoir anglais. Lui-même se met à s'exprimer surtout en anglais, même avec son entourage et ses amis de l'hôtel Rasco (qui existe encore). Il donnera aussi des sobriquets anglophones à ses chevaux. Il enlève le *s* à la fin de son prénom George pour calquer la mode britannique. Ainsi, il plaît aux conquérants, tout en continuant à parler au nom des Canadiens français. Son obsession est de raccommoder les deux communautés, l'une heureuse de diriger, l'autre contente de se faire diriger, tout en ménageant autant les modernistes épris de science et de commerce massif que les autorités ecclésiastiques et leurs soucis de maîtriser la terre. En 1854-1855, il devient aussi le président de la nationaliste Société Saint-Jean-Baptiste. Il est ami avec tout le monde. Ce transfuge profiteur, adepte d'une « bonne entente » et qui finit anobli, serait facile à détester, mais rappelons qu'il a obtenu un demi-État pour le Canada français : la province de Québec. Avec l'Acte de l'Amérique du Nord britannique de 1867, il devient un des Pères de la Confédération. Et contre un John A. Macdonald, maniaque de la centralisation et de l'anglicisation forcée, il obtient le respect minimal des prérogatives provinciales. Avant sa mort à Londres, sir Cartier, malade du diabète, met en garde ses compatriotes : « Méfiez-vous de John A. Macdonald. Il n'aime pas les Canadiens français. » Ce qui sera évident pendant l'affaire Louis Riel, mais j'y reviendrai.

Pendant que Papineau, revenu d'exil, voit ses idées républicaines perdre en popularité, et que monseigneur Bourget bâtit un gigantesque « État-Église », sir Cartier ouvre une brèche pour permettre aux Québécois – on peut maintenant utiliser ce mot – de reprendre en main le pouvoir politique (bien que limité à leur province). Enfin, on a tendance à oublier que près de la moitié des députés canadiens-français ont voté contre la Constitution de 1867 : 22 contre, 27 pour. Avec leur chef Antoine-Aimé Dorion, les libéraux s'alarment parce qu'ils voient bien qu'un des buts de la Confédération est de léguer la dette des Maritimes et la facture de la construction du chemin de fer aux bons (et bonasses) Canadiens français. Ceux-ci feront les frais de ce chemin de fer qui servira à éradiquer le peuple métis francophone dans l'Ouest. En effet, John A. Macdonald et George-Étienne Cartier veulent, à coups de millions, faire plaisir à leur ami de la société du Chemin de fer Canadien Pacifique, Hugh Allan. Ce dernier, au bord de la faillite, pompe allègrement le budget gouvernemental, avant de généreusement récompenser les caisses du Parti conservateur. Comme quoi il fut un temps où le Parti libéral du Québec méritait vraiment son nom et se montrait plus autonomiste. Quant au gouvernement fédéral, il s'empresse d'oublier qu'il est d'abord une créature des provinces, qui lui préexistaient, pour se prendre plutôt pour le maître. Plus tard, Honoré Mercier n'aura de cesse de le répéter – un message qui n'est pas entré dans la tête de nos parlementaires.

PROVINCE CHERCHE PREMIER MINISTRE

Bravo ! Nous avons une province, une sorte de quasi-État, aux pouvoirs encore limités, autant par Ottawa que par Londres : nous demeurons une colonie qui n'a pas droit à son propre drapeau. Mais qui sera notre premier ministre ? Un francophone, bien sûr, du fait de la majorité. Évidemment, la Couronne exige un trésorier anglophone, puisqu'apparemment nous ne savons pas compter. Pendant presque cent ans, tous les ministres des Finances du Québec seront des anglophones, une tradition qui témoigne que le pouvoir de l'argent revient au conquérant. Imaginez l'immense budget à gérer : un pactole de 1 million et demi de dollars ! Par ailleurs, ce trésorier anglo-protestant ne se prive pas d'utiliser son pouvoir de nuisance – en refusant d'allouer des fonds à tel ou tel projet – si le premier ministre, son patron en théorie, ne consent pas à des demandes de la communauté la plus puissante. Voici un bel exemple : celui qui doit être notre tout premier premier ministre provincial, Joseph-Édouard Cauchon, un ancien maire de Québec et illustre inconnu aujourd'hui, refuse de céder aux pressions de Christopher Dunkin, futur trésorier de la province, qui exige par avance que les anglo-protestants administrent seuls leurs écoles. Devinez la suite ? Cauchon, trop fier, part. Le *treasurer* a bel et bien une sorte de droit de veto sur le premier ministre.

Le premier ministre sera finalement Pierre-Joseph-Olivier Chauveau, plus conciliant avec les protestants. Tout d'abord nommé, il est vite confronté aux premières élections qu'il gagne. Ce dernier a étudié en Europe le fonctionnement des systèmes d'instruction publique, plus précisément en France, en Angleterre, en Écosse, en Belgique et en Italie. Le « modéré » Chauveau (modéré parce qu'il écoute son trésorier porte-parole des Anglo-Québécois) a l'appui du très opportuniste Cartier, qui bientôt dégringolera dans l'estime du public à cause d'un scandale concernant le chemin de fer. Deux jours après Noël, même pas six mois après la Confédération canadienne du 1er juillet, le tout premier gouvernement est formé. Eh oui, on est plus sérieux que de nos jours où la députation se la coule douce le plus souvent possible : à l'époque, on siège un 27 décembre et l'on vote beaucoup de lois (même si l'école et l'hôpital demeurent pourtant l'apanage de l'Église). Les cyniques diront que c'était avant l'invention du téléphone et que tout le monde devait se rassembler réellement pour communiquer.

Il est dommage que les noms de Cauchon et de Chauveau aient été oubliés. C'est plus triste encore quand on songe à la grande qualité des deux hommes ! Tous deux étaient de grands intellectuels, des artistes, cultivés et curieux de tout. Ils pouvaient captiver les foules par leur parole. Le calibre des gens en politique me semble avoir énormément baissé depuis. Les derniers chefs d'État québécois de cette trempe sont à mon sens Lucien Bouchard et Jacques Parizeau, mais même eux n'ont pas écrit de grands livres comme Chauveau, biographe de l'historien François-Xavier Garneau, ou Cauchon, rédacteur du premier manuel de sciences physiques à l'intention des écoles. Bien sûr, cette élite admirable a ses vices : son amour de l'élévation de la connaissance se conjugue souvent au besoin de maintenir une situation avantageuse (je parle d'argent et d'honneurs), par exemple, pour finir sénateur. Ce poste facile et payant a été créé pour imiter celui des lords qui ont leur chambre en Grande-Bretagne. En 1867 tout comme aujourd'hui, le Sénat est, d'abord et avant tout, un moyen de récompenser ses amis aux frais du con... tribuable !

Le tout premier de nos premiers ministres découvre rapidement que son poste s'avère être un calvaire : les ultracatholiques divisent son parti ; la province est ingérable ; il a des problèmes personnels, des dettes, des ennemis. Et la population ne l'aime plus. Pour éviter de devenir fou, il démissionne en 1873. Quant à Cauchon, qui fut rejeté comme tout premier premier ministre, il finit par devenir, de 1877 à 1882, lieutenant-gouverneur du Manitoba. Comme quoi la petite élite de l'époque se passe les places et les prébendes !

Un mot au sujet des mœurs électorales relativement violentes et corrompues de l'époque : foires d'empoigne, bagarres de rue entre adversaires, vols de boîtes de scrutin.

Les journaux attisent le tumulte en prenant position avec une partialité souvent belliqueuse. Puisque l'autre triche, pourquoi ne pas tricher soi-même ? Les chefs de l'Église ont beau exhorter leurs ouailles à demeurer calmes et respectueuses des lois, les élections sont vécues comme une sorte de guerre où tous les coups sont permis. Certains bureaux de vote sont installés si loin des électeurs potentiels que peu d'entre eux ont les moyens de s'y rendre. Ce stratagème est utilisé contre les francophones, pour favoriser les protestants. L'expression le « jour du vote » n'existe pas encore parce que l'élection s'étale sur un mois entier. En 1867, à Montmagny, le candidat libéral est kidnappé pour empêcher sa nomination. À Trois-Rivières, les adversaires embauchent des durs à cuire de Montréal pour se battre les uns contre les autres, de sorte que la milice doit intervenir pour protéger les candidats. Ce n'est guère mieux au Canada anglais où John A. Macdonald l'emporte facilement. Et dire que nous faisons tout un plat lorsqu'il est question d'une « charte des valeurs ». On est loin de l'époque où cela jouait vraiment dur !

L'ENCERCLEMENT DU CANADA FRANÇAIS

À l'origine, le Canada, dominion britannique, est un peu plus qu'à moitié français. Le premier souci du tout premier ministre fédéral, John A. Macdonald, est de « corriger » cette situation. Facile : on exerce toutes les pressions possibles pour nuire à l'éducation en français. On fait entrer un maximum d'immigrants irlandais et écossais pour les intégrer à la culture du vainqueur : l'Empire britannique est alors le plus puissant du monde. Son prestige est immense. Difficile pour le Canada français de rivaliser culturellement pour intégrer les nouveaux venus. Même de nos jours, ce n'est pas facile ! Dans l'Ouest, on inonde le territoire de colons, des Ukrainiens et des Allemands notamment. Ces derniers n'ont aucune raison de se sentir attachés à la culture française déjà existante. D'autant plus que ces francophones sont métissés avec des Amérindiens. L'effacement des Métis – et leur réduction à ses enclos, dits « réserves » – est programmé : la naissance d'un Canada anglais est importante pour John A. Macdonald. L'alliance initiale qui unissait en un seul peuple franco-amérindien tous les gens de la Nouvelle-France est alors presque oubliée. Un seul filon demeure : le peuple métis, dans l'Ouest. Macdonald, qui souhaite créer de nouvelles provinces, s'empresse d'acheter la Terre de Rupert et le Territoire du Nord-Ouest de la Compagnie de la Baie d'Hudson sans tenir compte de ses habitants. Il souhaite occuper les terres jusqu'en Colombie-Britannique (créée en 1871, quatre ans après la Confédération) que le chemin de fer va bientôt connecter au reste du pays.

Les décideurs canadiens craignent toujours les Américains qui viennent d'acheter l'Alaska à la Russie. Il est urgent de consolider le nouveau dominion pour montrer que l'on occupe le territoire. Les Prairies offrent des terres extrêmement fertiles et cela ne prend pas la tête à Papineau (ou à Macdonald) pour comprendre que cet immense territoire deviendra le grenier de l'Amérique du Nord. Les ressortissants des pays d'Europe dévastés par la famine ou la guerre ne demandent pas mieux que de s'établir dans cet eldorado agricole. Quant aux Métis qui chassent le bison et qui occupent de vastes pans de territoire sans les cultiver intensément, le dominion s'en moque éperdument ! Un peu comme jadis en Europe, la révolution agricole a presque aboli le nomadisme : au Manitoba, les fermiers modernes chassent les chasseurs-cueilleurs commerçants de fourrure. Ces Métis incarnent tout ce qui reste de la culture propre à l'ancienne Nouvelle-France : une culture basée sur le mélange des races, les coureurs des bois, la chasse et la pêche, etc. « Des dégénérés », dit John A. Macdonald. Quelle tristesse ! Ce qui sonne véritablement le glas de la Nouvelle-France, c'est le développement de l'Ouest et l'éradication du peuple franco-amérindien.

Depuis 1867, des Ontariens violents et armés viennent tuer des Métis pour imposer leur loi. À la tête d'un gouvernement provisoire, Louis Riel affronte ces criminels armés qui n'ont aucune autorité pour prendre les armes. L'influence de l'Amérique – où l'on massacre les Autochtones – se fait sentir en Ontario. Les crapules profitent de l'occasion pour venir tirer sur des innocents. Avec Riel à leur tête, les Métis pensent remporter une victoire, en 1870, en forçant la création d'une nouvelle province appelée Manitoba, officiellement « bilingue ». Comme toujours au Canada, le bilinguisme veut dire que le lion l'emporte sur le lapin, comme le répétait Pierre Bourgault – une astuce peut subtile pour imposer l'anglais ou pour empêcher que le français soit la seule langue. Rapidement, on invente la police montée pour réprimer les Métis tandis que le train déverse des dizaines de milliers d'immigrants, tous hostiles aux premiers habitants qu'ils perçoivent comme des obstacles. Les Métis sont repoussés vers ce qui deviendra la Saskatchewan. L'envahisseur est trop nombreux et trop bien équipé : les Métis sont battus.

Quant à leur chef Louis Riel, le journal *Toronto News* suggère qu'on l'« étrangle avec un drapeau français ». Au Québec, au contraire, on a de la sympathie pour le vaincu. Un jury composé de commerçants protestants condamne Riel pour trahison, mais recommande de ne pas l'exécuter. « Riel doit se balancer [à la potence] », commente John A. Macdonald, dont on se souvient aussi pour cette belle pensée : « Il sera pendu, même si tous les chiens du Québec aboient en sa faveur. » N'est-ce pas poétique ? Ne soyons pas surpris si les Amérindiens de Colombie-Britannique ont demandé et obtenu le retrait de la statue de Macdonald devant leur Parlement provincial à Victoria. Cet homme était leur bourreau.

C'est avec Macdonald que s'officialise la politique de la « réduction » des Amérindiens et du développement des pensionnats qui doivent les « rééduquer ». Quelle étrange ironie de voir maintenant des Canadiens anglais nous donner des leçons de morale au sujet du traitement de nos anciens compatriotes et alliés sous le roi de France. Macdonald a beau être une crapule, de l'acabit d'un Amherst, c'est lui qui gagne. En 1876, la Loi sur les Indiens, encore en vigueur maintenant, coule dans le roc la mentalité qui marginalise les Amérindiens dans les réserves. Ottawa gère les réserves et instaure ce système qui achève le divorce entre l'Amérindien et le Français. Ce divorce contre lequel, on l'a vu, un Pontiac se battait... Celui-ci avait donc parfaitement raison de dire que le roi de France lui laissait sa culture, mais que ce ne serait pas le cas avec les Canadiens anglais, ni avec les Américains (qui massacrent par millions les bisons), ni avec les Britanniques. Les jésuites missionnaires, si ouverts d'esprit dans les premières années de la colonie qu'ils ont fini par chérir les « sauvages » et par intégrer leurs légendes, ne sont pas là.

Les ultramontains, qui dominent le Québec avec monseigneur Bourget depuis la défaite des patriotes et du libéralisme, ont une vision du catholicisme très romaine, voire très européenne : on retire alors à la mémoire canadienne-française ses attributs amérindiens pour la catholiciser comme jamais auparavant – c'est ici que se développe l'image d'Épinal du Bon évangélisateur et des Sauvages barbares. On se souvient alors des supplices des saints martyrs, comme Jean de Brébeuf, mais on oublie le couronnement merveilleux de tous leurs sacrifices : la Grande Paix de 1701 où le mariage est scellé entre les premiers habitants de toute l'Amérique du Nord et les Français. Pour monseigneur Bourget, la « culture amérindienne » est un paganisme à combattre et le chamanisme, un satanisme affreux. C'est rendre service aux Amérindiens, pense-t-il, que de les dénaturer.

Dans le nouveau Canada, l'esprit d'aventure n'a plus sa place. Fini, les grands espaces. Fini, les coureurs des bois et les Métis. Le Canada français se limite de plus en plus au Québec en dehors duquel il se dilue, s'anglicise, s'américanise. L'espèce de barrière mentale qui nous fait oublier que le Canada d'avant la Conquête incluait la quasi-totalité du territoire américain se solidifie. Le 16 novembre 1885, ce n'est pas seulement Louis Riel qui meurt par pendaison, c'est le rêve de Pontiac d'une Amérique franco-amérindienne qui échoue. Quelques jours plus tard, au Champ-de-Mars à Montréal, une foule de 50 000 personnes s'assemble pour pleurer et protester, comme si l'on pressentait la catastrophe. « Riel, notre frère, est mort, victime de son dévouement à la cause des Métis dont il était le chef, victime du fanatisme et de la trahison », proclame Honoré Mercier, qui devient deux ans plus tard premier ministre du Québec.

LE COUPLE D'ENNEMIS MERCIER-CHAPLEAU

Le Canada français est désormais amputé de sa mémoire franco-amérindienne. Mais l'exécution de Louis Riel bouleverse les cartes (et les cœurs) dans la « Belle Province ». Honoré Mercier peut finalement supplanter son adversaire sir Joseph-Adolphe Chapleau qui, lui, a applaudi la mort du « rebelle », ce qui lui vaut l'opprobre populaire. Comment décrire cet homme de culture et de panache qu'était Mercier ? Premier chef d'État québécois en bonne et due forme, il tient tête à Ottawa. Il réussit à mettre un holà aux empiètements de John A. Macdonald et à convaincre ses vis-à-vis provinciaux de se réunir en conférence fédérale/provinciale[6]. Mercier voyage à travers le monde au nom des intérêts du Québec. Il va en France et crée les premiers rapports diplomatiques privilégiés avec l'ancienne mère patrie. À Saint-Malo, il appose les armoiries du Québec sur le dallage de la cathédrale juste à côté de la sépulture de Jacques Cartier. Le président français lui décerne la Légion d'honneur. Il rencontre des chefs d'État étrangers. Il visite même le pape en tête à tête. Il rencontre aussi les grands financiers de New York. Bref, il fait de l'ombre à Ottawa qui déjà redoute la possibilité d'un projet « souverainiste » et qui crée un « comité sénatorial » pour le harceler judiciairement.

---

6. Des conférences qui ont encore lieu aujourd'hui et qui rappellent à Ottawa de respecter la Constitution.

Si lui-même est irréprochable, certains de ses lieutenants sont moins scrupuleux, notamment son trésorier Ernest Pacaud. Les agissements de Pacaud provoquent le scandale de la Baie-des-Chaleurs en 1891, ce qui fait tomber le gouvernement de Mercier. À son tour, Mercier déjà malade se retrouve ruiné et bientôt à l'article de la mort, dans sa maison à l'angle de la rue Sainte-Catherine et Saint-Denis. Son ancien ennemi Chapleau se montre noble et va se réconcilier avec lui sur son lit de mort, en 1894. Geste bien gentil de la part de Chapleau, mais rappelons qu'il a contribué à détruire Mercier et sa santé en encourageant les fausses rumeurs de corruption. Notez aussi la différence entre ces deux hommes: Mercier promeut le Québec, se fait détruire et meurt ruiné, alors que Chapleau défend la Couronne, se fait anoblir, devient lieutenant-gouverneur et finit sa vie, richissime, à l'hôtel Windsor. C'est payant de collaborer avec le pouvoir au lieu de l'affronter ! On dit que l'histoire se répète. Pensez au couple Lévesque et P. E. Trudeau, qui incarnera la schizophrénie nationale québécoise dans les années 1970-1980.

Mais n'allez pas croire que, si j'admire Mercier, je méprise pour autant Chapleau. Oui, Chapleau est du côté de la Couronne; oui, il prend parti pour les Anglais quand cela lui permet de gravir les échelons. Mais, c'est un bâtisseur hyperactif qui développe un fonds pour financer les agriculteurs, les villes, les écoles, les fabriques, etc. Quant au fameux train du Nord que chantera Félix Leclerc et que voudra le curé Labelle, c'est Chapleau qui lance le projet, même si Mercier va ensuite plus loin en nommant le bouillant homme d'Église rien de moins que « sous-ministre de la colonisation » des Laurentides. Eh oui, dans les fameuses *Belles histoires des pays d'en haut* avec Séraphin, Donalda et Alexis, il est question d'une œuvre conjointe des ennemis Chapleau/Mercier. Petit saut plus loin au Lac-Saint-Jean : l'alter ego du curé Labelle, le curé Hébert – en l'honneur duquel on nomme Hébertville – a moins de problèmes de transport : la rivière Saguenay facilite le voyagement. C'est l'écrivain libre penseur et secrétaire personnel du curé Labelle, Arthur Buies, passionné de géographie, qui décrit et vante la fertilité du Lac-Saint-Jean avec raison ! De toutes les régions développées alors à l'huile de bras, celle du Lac-Saint-Jean est l'une des plus prospères.

QUI MÈNE ? LE DÉPUTÉ OU LE PRÊTRE ? LE MINISTRE OU L'ÉVÊQUE ? LA PAROISSE OU LA VILLE ?

Monseigneur Bourget meurt la même année que Louis Riel (en 1885). Non seulement son œuvre lui survit, mais elle culmine juste après son décès. Imaginez ! En une génération, le nombre de prêtres quadruple ; quant au nombre de religieuses, il décuple, passant d'environ 600 à plus de 6000. Malheur à ceux qui veulent revenir à la modernité intellectuelle !

C'est à cette époque que le Canada français se fait la réputation d'être la nation la plus catholique du monde. Le deuxième premier ministre du Québec, Gédéon Ouimet, un autre nom oublié, cède pratiquement le contrôle du ministère de l'Instruction publique à l'Église. Bien sûr, cela fait aussi plaisir à la minorité anglo-protestante, qui gère ses propres écoles. « L'éducation est une chose trop importante pour la laisser à l'État », dira-t-il.

Tous les chefs politiques ambitieux et rusés sentent qu'ils doivent au moins faire semblant de jouer les dévots. C'est une obligation sociale stricte. Même les gens que l'on qualifie de libéraux à l'époque doivent, sous peine de marginalisation, aller à la messe et communier. S'entendre dire : « Tu n'étais pas à la messe, dimanche ? » est un reproche grave. Prenez en exemple le vieux seigneur de Montebello : Louis-Joseph Papineau, le vaincu de 1839, réputé anticlérical, assiste néanmoins à la messe chaque dimanche par devoir, même s'il finit par refuser les derniers sacrements et par se faire enterrer chez lui dans une chapelle. Quant à la menace d'excommunication, avec un peuple complètement obsédé de catholicisme, c'est une promesse d'enfer que chacun redoute.

Quand le pape Pie IX en Italie se voit menacé par les républicains, il lève une armée de volontaires internationaux. Le Québec en envoie 500. Le premier de ces zouaves s'appelle Gustave-Adolphe Drolet. Ce dernier a maintenant une rue à son nom et non loin de là se trouve aussi la rue Mentana, nommée ainsi en référence au village italien où eut lieu la principale bataille à laquelle participent nos chers zouaves. Combien d'habitants du Plateau-Mont-Royal connaissent l'origine de ces noms de rue ? À cette époque, la religion bâtit davantage le pays que la politique. Elle érige des milliers d'édifices qui seront des écoles, des camps de vacances, des centres communautaires, des hospices. La Société de Saint-Vincent-de-Paul s'occupe des plus pauvres. L'éducation de la maternelle à l'université, la santé avec des milliers d'infirmières, la culture, le bien-être social, les loisirs (terrains de jeux et camps), tout cela est pris en charge par l'Église ! Signe que le Canada français, fort de sa fécondité encouragée par la religion, n'a pas abandonné Montréal ou Québec : l'omniprésence de hauts clochers. La paroisse est le moteur de la vie communautaire. Au XIXe siècle, on n'est pas de Montréal, on est d'abord d'une paroisse avec son église, son presbytère, avec ses lieux de vie, de cultures et de jeux, avec ses écoles, etc.

Comme l'avenir le montrera, cet hypercatholicisme ostentatoire est superficiel puisque, dès qu'on le pourra, on le lancera aux orties, parfois même avec exagération ! En une génération, sous Bourget, l'Église devient plus puissante que l'État (trop heureux de lui céder les responsabilités sociales !) ; en une génération, de la mort du frère André à celle de Daniel Johnson (père) en 1968, l'Église s'incline. Sa disparition et sa marginalisation seront aussi soudaines que l'ont été son apparition et sa mainmise. Si ce n'est que c'est elle qui a construit l'infrastructure sociale que l'on s'abstiendra bien de détruire : on gardera le contenant, on jettera le contenu.

À l'époque, si l'Église semble tellement dominer, c'est faute de rival. Car le Canadien français qui se trouve bloqué dans les affaires et dans l'armée (au sein desquelles l'anglais est prédominant) et en politique (à moins d'être un grand bourgeois) n'a plus que l'Église pour faire son chemin. Donc, même s'il y a une résistance à l'Église au sein du peuple, et surtout chez les élites – qui veulent lire les grands romans et essais du temps –, cette réticence est occultée et ostracisée.

Il est alors vraiment pénible d'être un libéral. C'est le contraire d'aujourd'hui, où quiconque se dit le moindrement de droite se fait aussitôt soupçonner de pensées monstrueuses. À l'époque, l'intellectuel curieux, qui se tient au courant des affaires internationales, se voit privé de tous les livres et de toutes les publications susceptibles de le faire dévier de la « ligne éditoriale catholique ». Les livres mis à l'index circulent sous le manteau. C'est la belle époque où il est risqué de lire Voltaire, Hugo ou Verlaine. Puisque du côté des Anglais, c'est en comparaison la liberté intellectuelle totale, combien des nôtres alors, par lassitude, font défection ! Comme les Français d'ici s'enferment dans le placard catholique et qu'ils n'ont pas facilement accès aux grands auteurs du jour, ils stagnent. Ils idéalisent la France d'avant la Révolution, celle d'avant les Lumières. Quelle horreur pour les beaux esprits du temps ! Ils sont complètement isolés !

Un aventurier écrivain comme Honoré Beaugrand étouffe tellement à l'époque qu'il s'enrôle dans la légion française au Mexique : il sent qu'il ne peut plus être Français chez lui. Malgré sa pauvreté, il voyage en Europe en faisant 36 métiers. Il vit aussi aux États-Unis, notamment en Louisiane et à New York. Cet homme étonnant parvient à se fait élire maire de Montréal et son souci scientifique le pousse à combattre les épidémies par des campagnes de vaccination obligatoire. Lorsque des militants ultramontains caressent le projet d'ériger une statue géante de la Vierge Marie sur le mont Royal, qui aurait eu le double de la taille du Christ rédempteur de Rio, le maire Beaugrand ne veut rien savoir. Il a enfin sa revanche.

Quant aux intellectuels qui participent à l'Institut canadien, fondé en 1844 et qui permet de lire tous les livres, y compris ceux condamnés par l'Église, ils se font persécuter. Le mot est juste : en 1869, Ignace Bourget « interdit » ledit Institut. Il ne plaisante pas. Sans pouvoir politique, il ne peut pas envoyer la police, mais il peut excommunier et ordonner à tous ses fidèles d'ostraciser ceux qui dérogent. Un certain Joseph Guibord, membre de l'Institut, meurt et se fait ainsi refuser l'inhumation en terre consacrée à Côte-des-Neiges. Le scandale dure cinq ans. Le tribunal (à Londres) ordonne à l'Église de Montréal de l'enterrer dans le cimetière catholique. L'infortuné Guibord, qui en attendant reposait dans un cimetière protestant, faute de mieux, se fait déterrer par les croque-morts du salon funéraire L. Thériault de Pointe-Saint-Charles et Verdun (qui existe encore aujourd'hui et dont les employés sont fiers de cette saga). Il faut l'armée pour escorter le cortège funèbre tellement les gros bras catholiques sont menaçants. Monseigneur Bourget aura le culot d'aller « déconsacrer » le lot où repose Guibord après coup, pour en faire un carré profane au beau milieu du cimetière catholique. Pour ne pas l'inhumer comme un catholique, on l'enterre seulement à trois pieds sous terre, au lieu de six. On coule cependant son cercueil dans le ciment pour éviter que des fanatiques le déterrent, ce qui ne les empêchera pas de fracasser sa pierre tombale à coups de masse – charmant, n'est-ce pas ? Plus tard, quelqu'un à Montréal a voulu immortaliser le nom de Guibord par une rue, mais bizarrement le *u* a disparu et un *lf* a remplacé le *b*. La rue Gilford, sur le Plateau, c'est la rue Guibord dénaturée par une faute de retranscription ou d'orthographe. Comme quoi cet homme joue de malchance ! Quant au conformisme agressif et aux bondieuseries ultramontaines, ils se transposent, sous une forme laïque, dans la bien-pensance et la rectitude politique actuelles ; le Québec est moins différent du Canada français qu'il ne le croit.

PACIFISTES… POUR S'AFFIRMER !

À certains égards, le Canadien français « cliché » de la fin du XIXe siècle, bon catholique et soumis, est le contraire de l'habitant fougueux de la Nouvelle-France qui désespérait l'Église par son goût de la liberté. Il faut dire que, maintenant, les armes, tout comme l'argent, ont changé de mains. On l'a vu en parlant de la guerre de 1812, prendre les armes n'a pas été payant ; et encore moins en 1837.

Le clergé québécois n'encourage pas le service militaire, sauf bien sûr si c'est une milice pour aller aider le pape en Italie. Entrer dans l'armée, c'est s'assimiler ou du moins accepter que l'Anglais mène : rappelons-nous l'aventurier Honoré Beaugrand qui s'exile et devient militaire pour la France au Mexique. Bref, après les patriotes, nous devenons, par défaut, des « pacifistes ». Je dis bien par défaut.

Les bondieuseries mièvres que l'on utilisait pour réprimer l'instinct combattif du Canadien français ont quand même si bien opéré sur la psyché collective que même aujourd'hui, on continue de fantasmer les Québécois comme un peuple de « gentils » préconisant, plus qu'ailleurs, la non-violence. En réalité, de nos jours, on s'est tout bonnement déchargé du fardeau des armes sur le voisin du Sud. « Aux États-Unis de nous protéger ! » répétons-nous. C'est confortable, moralement, de renoncer à la souveraineté ; lorsque j'entends des souverainistes québécois – il y en a encore – dire qu'un Québec indépendant n'aurait pas d'armée, je fulmine. Quelle ignorance crasse ! Ce « pacifisme » est un symptôme de la Conquête. Lorsque la statue du patriote Jean-Olivier Chénier se fait vandaliser, quelqu'un lui volant sa carabine, une descendante de Lorimier n'hésite pas à affirmer que nous n'avons pas besoin de remplacer ce fusil, puisque nous sommes des pacifistes, donc contre les armes. On préfère le laisser les mains vides. Imaginez une statue de général à cheval brandissant un sabre et que l'on désarmerait ! Eh bien, nous sommes ce peuple désarmé par la Conquête qui devient « fier » d'être désarmé, donc fier d'être conquis. Quel pire vice pour un colonisé que d'en être fier ?

Comment devenir un pays avec une mentalité de provincial ? Province ne vient-il pas du latin *pro victis* qui signifie « territoire des vaincus ». Ainsi, jadis seuls les nobles avaient le droit de manier l'épée pour affirmer leur statut supérieur : non seulement ils défendaient leurs vassaux contre l'ennemi, mais ils pouvaient aussi les dominer par la force. Le « pacifisme québécois » fleur bleue nous confine à la puérilité.

Mais il y a un détour à ce triste pacifisme : le fait que l'on refuse de prendre les armes, parce que ce n'est plus pour soi que l'on va combattre. Mettez-vous à la place du Canadien du XIXe ou du début du XXe siècle à qui l'on dit : « L'Angleterre est menacée dans une partie du globe où l'on conteste son empire colonial. Prends les armes et va te faire tuer pour elle ! Et les officiers te hurleront des ordres en anglais ! » Avez-vous envie de vous battre dans ces conditions ? La lâcheté, alors, c'est de prendre les armes ! Et ce qui est courageux, ce qui est « nationaliste », c'est de dire non. C'est paradoxal et pervers puisque, à partir de la guerre des Boers, la nation québécoise en train de naître s'affirme en refusant de prendre les armes qu'on va laisser aux vrais pays.

L'un de nos plus grands intellectuels, Henri Bourassa, le fondateur du *Devoir*, se scandalise de voir que le Canada expédie des forces militaires à l'Angleterre pour l'aider en Afrique du Sud. En quoi cela concerne-t-il le Canada ? Pourquoi la colonie devrait-elle se sacrifier pour que la métropole puisse continuer de dominer une autre de ses colonies à l'autre bout du monde ? Vous l'aurez deviné : les populations ontarienne et anglo-québécoise demeurent alors foncièrement attachées à la Couronne. Elles ne se voient pas comme des Canadiens, un mot réservé aux Français, voire synonyme de « locuteurs du français ». Il faut rappeler que le Canada existe en français depuis 1534. Et que les Anglais qui arrivent après la Conquête ne s'y identifient pas. À quoi s'identifient-ils alors ? À l'Angleterre ! À quoi d'autre ? Il y avait quelque chose de ridicule à fêter le « 150e » du Canada en 2017 alors que d'un point de vue français, il faudra plutôt célébrer le 500e anniversaire du Canada en 2034.

Henri Bourassa, donc, lance la Ligue nationaliste et proclame la doctrine dite du « Canada d'abord ». Pas question d'aller se faire tuer pour la reine ! Tout cela, bien sûr, est enrobé de protestation de loyauté à la Couronne et aux institutions britanniques, que Bourassa admire réellement. Voilà le génie contradictoire de cet homme qui incarne l'esprit du temps : Bourassa est un ultramontain, partisan de la soumission au pape, et en même temps un libéral à l'anglaise, en faveur de l'industrie et de la modernité, et aussi, malgré cela, un nationaliste canadien-français, qui influencera autant un Pierre Elliott Trudeau qu'un René Lévesque. Par ailleurs, ce dualisme de personnalité – on l'a vu avec Chapleau et Mercier – se reproduit constamment dans notre histoire. Tandis que le peuple aime Henri Bourassa, il vote pour son « adversaire », Wilfrid

Laurier. Le Québec fera la même chose en votant pour René Lévesque à Québec et pour Pierre Elliott Trudeau à Ottawa.

LE COUPLE « BOURASSA-LAURIER »

Mes deux grands-mères chérissaient un portrait de sir Wilfrid Laurier qu'elles affichaient dans le salon. Dans mon quartier, il y avait beaucoup de jeunes Wilfrid, un nom à la mode. « Voulez-vous bien me dire ce que vous lui trouvez ? » demandais-je à mes grands-mères qui n'avaient pourtant pas d'opinion politique. Elles répondaient : « C'est le premier Canadien français qui est devenu premier ministre du Canada. » Devinez qui d'autre avait droit à son portrait chez presque tout le monde ? Le frère André, bien sûr ! Mais je parlerai de lui plus tard puisque sa mort – et le million de fidèles à ses funérailles – préludera à l'effondrement de l'Église.

Bizarrement, dans le cœur des gens, c'est Wilfrid Laurier, le héros populaire, le modèle exposé et non Henri Bourassa, une figure plus intellectuelle. Pendant que Bourassa définit un nationalisme canadien-français cohérent et raffiné, Wilfrid Laurier, toujours entre deux feux, s'avère purement pragmatique et excelle dans l'art du compromis. Cartésien, il comprend que son peuple, lui, se laisse mener par ses sentiments. « Mon cher Henri, la province de Québec n'a pas d'opinion, elle n'a que des sentiments », écrit-il à Henri Bourassa qui, scandalisé, démissionne. Malheureusement, l'avenir donnera maintes fois raison au cynique calculateur.

LE PHÉNOMÈNE LAURIER

L'exploit de Laurier, c'est de survivre à des crises impossibles qui déchirent le pays sans véritable unité. Souvent, avec le recul, on a l'impression de mieux comprendre l'histoire. Mais un homme comme Wilfrid Laurier demeure toujours aussi mystérieux et insolite. Comment un tel écartèlement identitaire a-t-il été possible ? Imaginez cet homme, perçu comme une « fierté nationale », se faire anoblir par la reine Victoria. Le voilà un sir, un lord, et il s'écrie alors : « Je suis britannique jusqu'au fond du cœur ! »

Né à Saint-Lin, Wilfrid Laurier entame son parcours par des cours classiques à L'Assomption, puis des études en droit à l'université McGill. Il fait ses griffes en politique à Québec, avant d'avoir des vues sur Ottawa où les vraies choses se décident. Devenu premier ministre, ce « héros » va encourager l'expansion du Canada anglais en créant la Saskatchewan et l'Alberta, ce qui détruit définitivement le Canada franco-amérindien de l'Ouest en le confinant dans de petits enclos. Comme Canadien français, Laurier est bien obligé de jouer le jeu des Anglais qui ne votent pour lui que pour cette raison (car ils ne votent pas avec leurs sentiments, eux).

Autre chose étrange pour cet homme que mes pieuses grands-mères adulaient : l'Église s'en méfie. Il est un membre du très libéral et moderniste Institut canadien qui souhaite, comme nous l'avons vu plus tôt, que le clergé soit mis à l'écart des affaires politiques. Mais que voulez-vous ? Laurier est toujours nécessairement entre deux chaises. S'il avait seulement « joué le jeu des Anglais », ses compatriotes l'auraient rapidement accusé de traîtrise et jeté dehors à grands coups de pied dans le derrière. Mais Laurier est si habile qu'il sait quand il faut dire non aux Anglais. Lorsque Joseph Chamberlain, ministre britannique des Colonies, propose un projet de fédération politique pour rapprocher les pays britanniques de la mère patrie, le premier ministre qui se dit « britannique jusqu'au fond du cœur » montre alors qu'il y a autre chose au fond de son cœur. Cela fâche son électorat anglophone impérialiste qui voyait jusqu'alors en lui sa marionnette. Mais Laurier n'y peut rien : du côté du Québec, un poids lourd de son gouvernement, Henri Bourassa, milite pour une autonomie accrue. Voyant que les deux groupes ennemis se passionnent chacun pour leur vision de l'avenir, Laurier fait tout pour les « tempérer » et gagner du temps. Une spécialité que reprendra plus tard un certain Robert Bourassa ! Calculateur, Laurier analyse la situation ainsi : pour se maintenir au pouvoir, il a à tout prix besoin d'une « majorité d'appuis chez les Anglo-canadiens tout en gardant son château fort au Québec », explique Marcel Tessier, ce vulgarisateur hors pair.

Le pauvre « homme de compromis » n'a pas fini de se sentir écartelé ! En 1890, le Manitoba élimine les écoles franco-catholiques[7], ce qui fait immensément plaisir aux Anglais, mais fâche dangereusement le Québec et l'Église. Voilà Laurier obligé de jouer double jeu. Heureusement pour lui que c'était avant l'ère des médias sociaux. Il peut alors tenir un discours en anglais et un autre en français. Il n'empêche pas directement la tentative de « génocide culturel ». Il négocie un compromis. Il supplie alors le

7. Plus tard, inspirés par l'exemple manitobain, les Ontariens vont choisir de faire à peu près la même chose en 1912.

Québec de se montrer patient et il promet de régler la situation et de trouver une solution. Finalement le « compromis » trouvé ne satisfait personne au Québec, mais après des années à fulminer, une résignation s'est installée chez les Canadiens français. Les Anglais sont les plus forts, que voulez-vous ?

Puis, le 13 octobre 1899, ignorant les parlementaires, il envoie 1000 « volontaires » pour aider l'armée britannique qui combat les Boers d'origine hollandaise en Afrique du Sud et souhaite garder la mainmise sur les lucratives mines de diamants. Finalement, c'est près de 7400 soldats canadiens qui s'intégreront à l'armée britannique. La facture frôle les trois millions de dollars, soit environ 85 millions de dollars en valeur actuelle. Voilà qui devrait suffire à ternir son étoile aux Québec, n'est-ce pas ? Eh bien, non ! Wilfrid Laurier sera au pouvoir pour 15 ans de plus. Ce fin psychologue national connaît les faiblesses de son peuple que la Conquête a « provincialisé » et il les utilise.

GUERRE DE DRAPEAUX

Comme je vous le disais plus tôt, pour le meilleur et pour le pire, le Québec s'est affirmé en disant obstinément non lorsque Londres lui ordonnait de prendre les armes pour combattre les ennemis de l'Empire britannique. Voici un chapitre quelque peu oublié de notre Histoire : la guerre des drapeaux. Pendant la guerre des Boers, des étudiants de l'Université McGill décident d'organiser des manifestations patriotiques britanniques en brandissant l'*Union Jack*. Pour rétorquer, des francophones de l'Université Laval (qui est alors à Montréal) arborent quant à eux le tricolore bleu-blanc-rouge de la France. Devinez quoi ? Les deux groupes se battent. Des coups de feu sont tirés. À un certain moment, des centaines de « McGillois » déchainés affrontent les jets d'eau des boyaux d'incendie maniés par les étudiants francophones, tout cela pour pénétrer dans l'enceinte de l'Université Laval et y poser sur le toit le drapeau britannique, sans oublier de déchirer le drapeau tricolore ! Les troubles durent plusieurs jours. Cette étrange version grandeur nature et universitaire du « jeu des drapeaux » démontre bien la haine qui existe entre les Canadiens français attachés à la France et partisans d'une autonomie canadienne accrue et les Canadiens anglais qui préconisent un état colonial britannique participant au génie impérial britannique.

L'ancien ministre de Laurier, Henri Bourassa, se fait réélire comme indépendant aux Communes et dépose un projet de loi pour demander à la Grande-Bretagne de laisser les Boers tranquilles. Il sait très bien que ce projet se fera rejeter violemment par l'immense majorité qui entonne le chant *God Save the King* ! Après avoir fondé la ligne nationaliste, Henri Bourassa, ayant du mal à trouver des appuis pour ses idées dans la presse, lance en 1910 son propre journal, *Le Devoir*. Non seulement Bourassa lance la carrière de journalistes polémistes aussi courageux et intelligents qu'Olivar Asselin, mais il pave la voie à la prochaine grande figure de proue du nationalisme canadien-français : Lionel Groulx. Celui-ci, par ailleurs, préconisera plus tard un drapeau québécois aussi distinct de l'*Union Jack* que du tricolore : un drapeau bleu avec une croix blanche et quatre fleurs de lys. Quant à Olivar Asselin, on lui doit d'avoir écrit que si un jour le Québec finissait enterré au cimetière des nations disparues, il faudrait que son épitaphe soit : « Ci-gît un peuple mort de bêtise ! »

LA VRAIE GRANDE NOIRCEUR

On parle souvent de « grande noirceur » en référence aux années de Maurice Duplessis. Ce à quoi il faut s'opposer, car ce mythe nous fait oublier une réalité beaucoup plus triste et qui a encore des conséquences pour nous aujourd'hui : la vraie grande noirceur commence en réalité en 1840 et se termine avec Duplessis qui a vraiment lancé la Révolution tranquille – même s'il aurait été étonné de l'apprendre ! Et ce ne sont pas nécessairement des décisions politiques, des querelles ou des guerres qui nous sortent de l'obscurité, mais plutôt des innovations techniques comme la radio, dont le pape Pie XI se méfie, et la télévision. Car très ironiquement c'est la télévision d'État canadienne qui va susciter la prise de conscience nationale québécoise en propulsant des personnalités médiatiques comme René Lévesque.

Voici la situation désespérante pour nos aïeux de modeste condition qui vivent au tournant du XXe siècle. Comme je vous le disais, l'Église tient lieu d'État. En un sens, c'est bien, car c'est mieux que rien et cela laisse une institution où les Canadiens français peuvent prédominer et s'affirmer. Mais cela devient étouffant : la même vision du monde et du Canada catholique agraire idéalisé, d'un simplisme désolant, sévit pendant quelques générations, alors même que nous perdons des millions des nôtres aux États-Unis. Pire : l'Église basée à Rome interprète le monde avec le prisme européen et associe, de manière presque pavlovienne, le « nationalisme » à la modernité matérialiste républicaine et affairiste. Impossible pour l'Église de comprendre le génie particulier du petit peuple qui l'utilise comme vaisseau national pour survivre et se développer malgré une claire volonté d'éradication de la part du conquérant. Pour nous, alors, le nationalisme va presque de pair avec le catholicisme !

En 1910, un grand congrès eucharistique se tient à la basilique Notre-Dame, et la place d'Armes est noire de monde. Des haut-parleurs situés à l'extérieur retransmettent les discours. L'archevêque de Londres, monseigneur Bourne, exprime alors le souhait que l'anglais devienne la seule langue d'évangélisation catholique pour l'Amérique du Nord. Quel culot d'aller dire cela devant des Québécois ! Cette vision était bien sûr assez répandue chez les catholiques anglophones, et elle faisait déjà son œuvre assimilatrice vers l'anglais chez nos voisins du Sud.

Il présente alors le catholicisme *contre* la nation, laquelle est considérée comme une entité insignifiante par rapport à la mission civilisatrice de la sainte mère Église. Après tout, la langue cérémoniale est le latin ; peu importe la langue vulgaire parlée à la maison. Avec un seul troupeau catholique en Amérique, n'est-ce pas plus simple si tout le monde parle l'anglais ? À présent, l'Église veut donc dénationaliser – et angliciser – le Québec. Pour Henri Bourassa qui assiste à ce discours, il faut répondre. Il le fait avec une telle éloquence que non seulement l'assistance se lève pour l'applaudir et la foule à l'extérieur éclate de cris de joie, mais même le légat du pape en personne, un Italien, l'ovationne. Toutefois les hautes autorités du Vatican ne l'entendent pas ainsi et veulent renforcer l'anglicisation (au nom de l'« unité »). Plus tard, le pape lui-même va convoquer Henri Bourassa pour lui ordonner d'abandonner son « nationalisme », ce que ce dernier, fervent croyant, accepte de faire la mort dans l'âme. La machine catholique à angliciser collabore alors scandaleusement à faire oublier le français à tous nos « cousins » franco-américains qui se font botter le derrière s'ils osent parler leur langue. Notons que le représentant diplomatique du Vatican à Ottawa à cette époque, un certain monseigneur Pelletier, ne parle pas un traître mot de français, malgré son nom.

Donc, d'un côté, l'Église domine presque tout et en vient à prôner une disparition du fait français ; et de l'autre, l'élite anglophone exploite et crie des ordres en anglais. Il y a aussi une armée tellement britannique que tout Canadien qui s'y enrôle doit renoncer à son identité.

Notons également à l'époque l'arrivée massive d'immigrants qui choisissent systématiquement le parti des Anglais. On retrouve plus particulièrement chez les Irlandais et les Écossais une hargne particulière envers le « *loser* » qui a abandonné sa langue. Comme on l'a vu, il y a une élite francophone très raffinée, mais celle-ci est déconnectée du peuple à un degré inimaginable pour nous : elle est entichée du français parisien et adopte un faux accent français. Non seulement l'éloignement aristocratique du seigneur pour le petit vassal perdure, mais bientôt le bourgeois canadien-français se trouve des affinités bien plus profondes avec le bourgeois anglophone.

Quant aux ouvriers, bien sûr, ils se divisent bêtement sur une base ethnique, ce qui leur ôte toute force. Pour fuir cette société sans débouchés, il reste les États-Unis, même si, comme je viens de le dire, l'Église catholique là-bas va laisser tout ce beau monde s'angliciser. Bref, l'État ne nous appartient plus, il appartient aux Anglais, l'Église ne nous appartient plus, elle est devenue anti-nationaliste. Et, l'économie nous échappe. Voilà ce que l'on peut appeler notre vraie « grande noirceur ».

Ce n'est donc pas la période de monseigneur Bourget, pendant laquelle notre peuple s'approprie l'Église comme un véhicule pour continuer d'exister, mais plutôt celle pendant laquelle l'Église commence à nous échapper et à œuvrer, tout comme l'économie, à notre assimilation, au tournant du XXe siècle. Pendant cette véritable grande noirceur, notre peuple connaît une misère inimaginable : nos taux de mortalités infantiles sont dignes des pays du tiers monde. Au tournant du XXe siècle, à Montréal, un enfant sur quatre meurt à la naissance ; à Québec, c'est un sur deux. Au même moment dans une capitale comme Paris, on avoisine plutôt un taux d'environ 10 % de mortalité.

1912, LE CRAN D'ARRÊT : L'ONTARIO INTERDIT L'ENSEIGNEMENT DU FRANÇAIS

Après le Manitoba qui essaie d'enrayer son problème français », c'est au tour de l'Ontario d'essayer de réaliser la prophétie de Durham. En 1912, le gouvernement de Toronto promulgue l'infâme loi 17 en commençant par interdire l'enseignement en français sauf en première année. De quel droit ce gouvernement peut-il renier ses engagements et bafouer la Constitution du Canada ? Apparemment, ce détail ne l'inquiète pas. Londres avait pourtant juré de protéger les droits des minorités partout au pays. Mais cela n'est valable que pour les minorités à l'intérieur du Québec. La brutale politique ontarienne porte ses fruits : la pression pour l'anglicisation fonctionne relativement bien. Le français est marqué là-bas dans plusieurs esprits du sceau de l'infériorité, ce qui aurait étonné un aristocrate européen de la même époque pour qui c'est la « langue universelle ».

Les Canadiens français de l'Ontario – on les nomme aujourd'hui Franco-Ontariens – ne se laissent pas faire si facilement. Il y a de la résistance. Ils n'appliquent pas toujours la loi 17 (ou ils font semblant). L'Ontario imagine alors le règlement 18 pour punir les récalcitrants et les familles qui ont le culot d'essayer d'envoyer leur enfant à l'école en français. Néanmoins, la communauté pourtant très affaiblie par cet acharnement à la faire disparaître va survivre. Petit saut dans l'avenir : comme par magie dans les années 1970 et 1980, lorsque le Québec fera mine de faire bande à part avec son mouvement souverainiste, Ottawa va soudainement se découvrir un grand amour pour l'Ontario français ! Des commissions scolaires francophones voient le jour à la fin des années 1980. Mieux vaut tard que jamais. Mais est-il trop tard ? L'Ontario français va encore subsister longtemps (même si c'est en agonisant jusqu'au XXIIe siècle), mais la loi 17 a accompli son œuvre funeste autrement : en creusant un gouffre culturel entre le Québec français et l'Ontario français qui, il y a un siècle, se considéraient comme un seul et même peuple.

Le Canada français s'est morcelé. Il est donc plus facile à manipuler. Si dans un proche avenir le Québec par miracle fait à nouveau mine de faire cavalier seul, l'Ontario français sera encore une fois farouchement contre, tout en servant d'otage à Ottawa. Le conquérant a séparé le peuple franco-amérindien en deux, mais, dans un nouvel acte, il a aussi débité en petits morceaux le peuple canadien-français, qui s'est scindé en entités provincialisées (et fières de l'être).

L'idée même du Canada français qui vivait dans l'esprit de nos aïeux ou d'un Henri Bourassa est morte. On a maintenant, chacun de leur côté, les Acadiens, les Québécois, les Franco-Ontariens, les Franco-Manitobains et quelques poches d'une population francophone famélique dans les Prairies avec les Franco-Saskatchewanais et les Franco-Albertains. Chacun a sa petite étiquette. Les plus connaisseurs me diront que ce sont les États généraux du Canada français de 1966 qui ont vu l'éclatement survenir, mais c'est faux – et je le sais, j'étais là comme reporter pour la radio de CKLM à 27 ans. On a seulement alors pu « constater » l'existence de la brisure, qui est une victoire pour ceux qui ont tout fait pour inférioriser et humilier les francophones.

On se retrouve donc avec un Québec tout étonné de sa nouvelle solitude, endeuillé de ses membres amputés, qui existent toujours, mais isolément. En maltraitant les minorités francophones hors Québec, on a tellement affaibli l'unité canadienne-française qu'elle s'est effritée.

LE TOURNANT DU SIÈCLE : LE RÉVEIL APPROCHE

Personne ne s'en doute encore au tournant du XXe siècle, mais l'Empire britannique va bientôt vaciller à la suite de deux immenses guerres. C'est la frénésie du progrès que l'on croit éternel (on ne sait pas qu'il y aura un krach en 1929 – il n'y a pas encore de mot pour décrire un tel effondrement généralisé de la Bourse).

Le Québec de demain se dessine. En 1907, Irma LeVasseur fonde l'Hôpital Sainte-Justine[8], sur la rue

8. Aujourd'hui connu sous le nom « Centre universitaire hospitalier Sainte-Justine ».

Saint-Denis. Cette femme frondeuse parvient à exercer la médecine – malgré un Collège des médecins qui fait tout pour l'en empêcher – dans une province où elle n'a pas eu le droit d'aller à l'université, l'obligeant à se former aux États-Unis. Le climat est tellement hostile aux femmes dans les professions masculines que pour la « bonne réputation » de l'institution qu'elle a fondée, Irma LeVasseur se fait évincer de son propre hôpital où aucune femme n'a plus le droit d'exercer la médecine. La Dre LeVasseur va vivre l'aventure en Serbie pour soigner une épidémie de typhus. Elle est médecin militaire en France. Puis elle fonde un nouvel hôpital pour enfants à Québec, l'Hôpital de l'Enfant-Jésus. Rien n'arrête cette femme et l'Hôpital Sainte-Justine connaîtra un développement fulgurant. L'oubli où sombre sa fondatrice n'en est que plus inexplicable.

Que dire d'Alphonse Desjardins qui, de son côté, de 1900 jusqu'à sa mort en 1920, assiste à l'ouverture de pas moins de 163 succursales de la Caisse populaire qui a rapidement pris son nom après sa mort ? Cette œuvre immense offre alors une solution de remplacement aux frais bancaires exagérés des grandes banques (nécessairement anglaises à cette époque) ou à la rapacité de petits prêteurs privés détestables comme le personnage de « Séraphin » en a immortalisé la mémoire.

Restons dans l'économie. L'École des hautes études commerciales (HEC), inaugurée en 1910, forme une élite canadienne-française d'un nouveau genre : une élite de gens d'affaires et d'économistes, dont Édouard Montpetit qui est de la première génération de professeurs de cet établissement. Bref, sous le couvercle de la marmite, cela bout.

Bientôt, notre peuple aura produit une créature politique typique de cette nouvelle école et qui ne jurera que par l'économie : Robert Bourassa. Enfin, pendant cette période d'effervescence, le botaniste, intellectuel nationaliste et grand voyageur frère Marie-Victorin fonde l'Association canadienne-française pour l'avancement des sciences en 1923, la première étape vers la future création du Jardin botanique tellement aimé des Québécois d'aujourd'hui[9]. Bref, cela ne paraît pas encore, mais le Canadien français du Québec crée ses institutions modernes qui seront bientôt celles du Québec tout court.

LES CONSCRIPTIONS : RÉPÉTITION DU MÊME DRAME AD NAUSEAM

Il me faut en parler bien sûr, mais cela m'énerve. C'est toujours avec exaspération que j'aborde le thème des conscriptions et des deux crises de la conscription qui secouent le Québec à l'occasion des grands conflits armés mondiaux de 1914-1918 et de 1939-1945. Avec exaspération, oui, parce que voilà deux répétitions lassantes et douloureuses d'un même scénario d'autant plus que les livres d'histoire oublient bien souvent de donner la raison du refus acharné de combattre de presque toute la population francophone du Québec.

Comme je l'ai expliqué plus tôt, c'est surtout une question d'orgueil si on ne veut pas sur commande endosser l'uniforme du maître lorsqu'il claque des doigts. Et aussi, parce que faire l'armée implique de se faire humilier d'être

---

9. Pendant mon pensionnat au Collège de Longueuil, on se faisait un devoir de nous rappeler que le grand Marie-Victorin y avait enseigné. Déjà, on le vénérait !

Français, et de parler français. Bref, notre « antimilitarisme » est un symptôme de notre état d'inféodation.

Pour la Grande Guerre (1914-1918), je fais partie de ceux qui pensent que ce fut idiot d'envoyer des soldats canadiens là-bas. C'était un bain de sang horrible provoqué par les Européens entre eux et, rétrospectivement, on a du mal à dire qui avait tort, sinon tout le monde ! Pour amadouer un peu le porteur d'eau et l'inciter à endosser l'uniforme militaire pour aider la Grande-Bretagne, on a créé le Royal 22e Régiment. Le blanc-bec qui se voit soudainement propulsé sur le champ de bataille après un entraînement sommaire a toutes les raisons de croire qu'il sera un soldat de seconde zone pour l'armée canadienne. Ce qui n'est guère tentant. Difficile aujourd'hui de s'imaginer la furie insurrectionnelle de la population de Québec où plus de 3 000 personnes prennent d'assaut le poste de police de Saint-Roch pour libérer de jeunes hommes qui se font fait arrêter pour avoir désobéi à la conscription. Une foule se rassemble sur la rue De Buade et envahit les bureaux de journaux en faveur de la conscription. Les émeutiers veulent faire sauter les dossiers d'inscription des soldats dans la citadelle. Le général Joseph-Philippe Landry réclame l'aide d'un régiment torontois. L'armée charge et tue quatre personnes. L'Église sermonne tout le monde et réclame le retour de l'ordre. Cette attaque ontarienne en plein Québec va laisser des traces : les Québécois ne voteront plus pour les conservateurs fédéraux pendant un demi-siècle.

La même charge émotive nationale resurgira lors de la deuxième crise de la conscription le 5 août 1940 : le très populaire maire de Montréal Camillien Houde s'auréolera de gloire en préférant la prison – pendant quatre ans ! – à la soumission. Monsieur Houde est un personnage haut en couleur qui aura droit à son propre chapitre[10] !

LE PÈRE DU PATRONAGE MODERNE : LOUIS-ALEXANDRE TASCHEREAU

Sans surprise, les belles années de la mafia qui correspondent à celles de la Prohibition (1919-1933) aux États-Unis délimitent celles des années du libéral Louis-Alexandre Taschereau au pouvoir au Québec. Il y a quelques années, le *Maclean's* faisait sa une en titrant *Québec: The Most Corrupt Province in Canada.* Et beaucoup de gens ont grimpé dans les rideaux ! Pourtant, il n'y avait pas que du faux là-dedans. La situation sociologique depuis un siècle l'explique : on a une petite élite canadienne-française, très minoritaire, et une masse de pauvre monde simple à qui une Église dit de se tenir loin des affaires et de se méfier des syndicats. Forcément, il va y avoir de la corruption : des « pourboires » systématiques, du détournement de fonds, etc. Les gros pontes se retrouvent ensemble et trouvent le moyen de flouer l'État en soudoyant les gens au pouvoir. Ceci est inévitable avec le roulement intense de l'argent après la Première Guerre mondiale, dans les années 1920, période où la pègre devient milliardaire. Pendant les années folles, le financement des partis s'avère aussi de plus en plus souvent « occulte ». Le Québec n'échappe pas à cette règle, d'autant plus que c'est chez lui que le gros *party* a lieu alors que le tourisme de l'alcool attire des millions de visiteurs américains avides de plaisirs interdits.

10. Je reviendrai plus tard sur cet homme que j'ai rencontré une fois lorsque j'étais un « louveteau ». À l'époque, il nous encourageait en tant que maire avec un dollar pour financer nos activités.

Cet argent nous corrompt, oui, mais c'est si agréable d'en recevoir des pelletées !

Taschereau profite de cette manne économique pour gouverner à sa guise : il n'en fait qu'à sa tête. S'il faut parler d'une mentalité dictatoriale chez nos premiers ministres, c'est bien chez lui. Il est associé à l'autoritarisme autant qu'à la corruption. Pourtant, son bilan n'est pas que négatif. Le peuple québécois continue son ascension pour sortir la tête de l'eau. Ce peuple vote pour les libéraux de Taschereau jusqu'en 1933, au grand dam de l'Église qui préfère les conservateurs, pour moderniser et fouetter l'économie. Les libéraux de l'époque sont déjà corrompus comme les nôtres, mais ils ont quelques bonnes idées. Par exemple, le prédécesseur de Taschereau, Lomer Gouin, se rend compte que l'immigration juive grossit et il souhaite donner à ces nouveaux arrivants un système scolaire juif. Devinez quoi ? L'Église va déchirer sa chemise, ou plutôt sa soutane ! Pas question de céder un millimètre de son pouvoir sur quiconque vit en français au Canada. Elle refuse l'élève juif sous prétexte que sa présence dilue le caractère chrétien de ses écoles. Contre Taschereau et Lomer Gouin, la « Reine » tranche – ou plutôt la Cour d'appel à Londres – : les juifs n'ont pas droit à leur propre commission scolaire confessionnelle selon la constitution de 1867. Résultat : la communauté juive va massivement s'angliciser puisque la voilà contrainte, soit d'abandonner le judaïsme pour aller à l'école catholique, soit de fréquenter le réseau protestant. Cela dit, l'Université McGill est à l'époque ouvertement antisémite et refuse les juifs (comme plusieurs universités américaines). Mais imaginez si Lomer Gouin avait par miracle réussi : la communauté juive se serait probablement alors épanouie alors en partie en français au Québec ! Mais cela n'arriva pas. On peut se demander en quoi l'Église gagnait-elle quelque chose à ce refus : sans doute n'y gagnait-elle rien, mais elle respectait un « dogme ». Pareillement, deux siècles plus tôt, pendant la Nouvelle-France, le pouvoir français refusa obstinément les Français de confession protestante. Cela aurait pourtant dopé notre population et alors peut-être l'Amérique parlerait-elle surtout français ! Mais cela n'arriva pas non plus.

Revenons au sujet de l'antisémitisme : son point culminant chez nous fut l'ascension (toujours marginale) d'Adrien Arcand et de ses chemises bleues qui imitaient les chemises brunes de l'Italie de Mussolini et, ensuite, celles de l'Allemagne d'Hitler. Un cliché erroné voit chez ces zigotos, qui défilent en costumes et qui font des saluts, des « nationalistes ». Faux. Ce sont des ultrafédéralistes, dirions-nous aujourd'hui, partisans d'une Grande-Bretagne toute puissante (et hypothétique) qui adopterait une philosophie hitlérienne de pureté raciale. Qui finance ces marginaux que l'élite méprise et que le peuple ne suit pas ? Le lord anglais Oswald Mosley, qui veut une « hitlérisation » du monde en harmonie avec la Grande-Bretagne, fournit les coffres du mini parti, par exemple. Henry Ford, un autre antisémite radical, hyper puissant avec sa compagnie d'automobiles abordables, donne aussi des sous. (L'hitlérisme international ne manque pas de riches militants pour mousser la philosophie nazie à l'étranger.) À Toronto, les chemises bleues ont également des appuis. Adrien Arcand se fait emprisonner pendant la Seconde Guerre mondiale. Ne l'a-t-il pas mérité ?

Le bilan de Taschereau n'est pas complètement négatif. Dès sa prise du pouvoir, il revendique que la radio, qui vient de naître, relève de la juridiction du Québec. La radio de l'époque diffuse des informations relatives à la circulation automobile, à l'agriculture, à l'hygiène et à la culture... des champs de compétences qui relèvent des juridictions provinciales, mais Ottawa ne lâche pas son morceau et refuse.

Les banques auxquelles Taschereau serre la vis, les lois ouvrières qu'il renforce pour adoucir la condition des travailleurs, l'hygiène et la sécurité au travail, les routes multipliées pour favoriser le commerce et l'aide à l'enseignement pour mettre un peu de plomb dans la tête de son peuple d'illettrés chroniques constituent certains des éléments forts de son règne. Ils permettent de l'appréhender sous un jour meilleur malgré le haut niveau de corruption.

Voilà qu'en 1934, un jeune député conservateur fougueux qui n'a pas la langue dans sa poche et qui comprend le jeu politique à la manière d'un joueur d'échecs, Maurice Duplessis, commence à prendre de l'importance. « Surveillez ce jeune homme, il va aller loin ! », remarque le vieux lion Taschereau lorsque Duplessis fait son entrée à l'Assemblée législative. Il ignore à quel point il a raison. Les intellectuels nationalistes et le grand public dégouté par la corruption libérale délaissent alors les libéraux.

Duplessis attaque comme un bulldog en Chambre et souligne par des formules frappantes les innombrables scandales de son adversaire. Duplessis s'allie avec Paul Gouin, le fils de Lomer, qui vient de fonder l'Action libérale nationale, mais Taschereau est quand même réélu (quoique minoritaire). Gouin étant battu dans son comté, il ne siège pas et Maurice Duplessis devient, comme on dira plus tard, le *cheuf*. Ce dernier mitraille de questions embarrassantes le « pauvre » Taschereau qui se trouve submergé par le mécontentement. Usé à la corde, Taschereau démissionne et dissout l'assemblée avant d'aller se réfugier dans le silence sur ses terres ; il cède sa place à un certain Joseph-Adélard Godbout. En 1936, Duplessis est élu !

Quant à Paul Gouin, l'allié dont Maurice Duplessis s'est habilement joué, il va avoir un destin plutôt enviable. Pendant la Crise d'octobre en 1970, je me retrouvais tous les samedis soirs dans le bistro Saint-Vincent dans le Vieux-Montréal. C'était plein à craquer de gens qui chantaient des chansons de Vigneault et de Ferland (ou de Gauthier avec son *Grand de six pieds*) tandis que le patron, Paul Gouin, en compagnie de sa femme, nous servait de la bière ! J'aimerais vous dire que je me suis entretenu avec lui, mais je n'osais lui parler. J'étais intimidé par celui qui incarnait ce pan de l'histoire. D'autant qu'il ne tentait pas plus de discuter avec nous. Je me suis initié à la fumée bleue et j'ai fumé mes premiers joints dans l'établissement de Paul Gouin qui fermait les yeux, d'ailleurs. Cela montre à quel point ce dernier était différent de Maurice Duplessis. On n'imagine pas Duplessis se plaire pendant sa retraite à ouvrir une boîte à chansons et servir des pichets de bière à la jeunesse ! Finalement, le défaut de Gouin, que nous aimions tant, nous les jeunes, c'était sa trop grande modernité par rapport à l'essentiel du pays. C'était un citadin qui comprenait la contestation des années 1960. Alors qu'un Duplessis représentait l'arrière-pays, d'où il tenait sa majorité.

Que dire du « nationalisme » de Duplessis ? Un observateur connaisseur comme Lionel Groulx se méfie en voyant Duplessis pratiquer un nationalisme frileux qui met au panier, par exemple, le projet de nationaliser les compagnies d'électricité, et qui fait toujours le beau jeu des intérêts capitalistes américano-britanniques. Même quand il officialise le drapeau national (j'y reviendrai), il songe à y inclure le *Canadian Red Ensign* pour démontrer son attachement au régime dominateur. On est loin de la mentalité souverainiste !

GODBOUT : BOUC ÉMISSAIRE DE L'HISTOIRE

Maurice Duplessis – qui sera malgré lui le déclencheur de la Révolution tranquille et qui passe 18 ans au pouvoir à Québec ! – n'a pas la vie facile comme premier ministre après Taschereau. Il déçoit les Québécois de 1936 à 1939 parce qu'il ne réalise pas le tiers de ses promesses contenues dans son fameux *Catéchisme des électeurs*. Duplessis n'en fait qu'à sa tête et ne respecte pas non plus ses engagements envers ses anciens alliés de l'Action libérale nationale. On le pense fini en 1939 lorsque le Parti libéral reprend le pouvoir avec à sa tête Joseph-Adélard Godbout.

S'il y a un chef qui a été exagérément malmené par l'histoire, c'est bien Godbout. On ne sait pas assez qu'il est un moderniste, diplômé en agriculture avancée de l'École d'agriculture de Sainte-Anne-de-la-Pocatière et du Massachusetts Agricultural College. C'est un homme de culture et de science qui enseigne avec brio avant de se lancer en politique en 1929 pour devenir le ministre de l'Agriculture de Taschereau.

Ce que l'on retient du bilan de Godbout, c'est l'accusation de s'être mis naïvement à plat ventre devant Ottawa parce qu'il a accepté à la veille de la guerre de céder « provisoirement » les impôts ainsi que l'assurance-chômage au fédéral. Ce dernier jure de les rendre une fois le conflit terminé. Bien sûr, Ottawa n'a jamais voulu redonner les impôts au Québec. Godbout a subi une énorme pression. Ottawa avait un « pouvoir de désaveu » qui lui aurait permis de passer outre le refus du premier ministre. Mais si Godbout avait tenu tête et obligé le fédéral à utiliser cette clause extrême, sans doute aurait-il été un héros : celui qui se tient debout ! Du moins, il aurait été admiré par les francophones, quoique les anglophones qui votaient pour lui massivement l'auraient alors exécré. Il descend aussi dans la faveur populaire parce qu'il nomme un commissaire à l'instruction publique dès 1940 qui favorise le bilinguisme dans les écoles françaises de la Commission des écoles catholiques de Montréal, nous rappelle Lionel Groulx cité dans l'excellente biographie de Charles-Philippe Courtois.

On oublie aussi que Godbout a mis sur pied Hydro-Québec en nationalisant la Montreal Light, Heat and Power. Il réclame en vain la mainmise sur la radio sous prétexte que c'est un « outil d'éducation » et que, selon la Constitution, l'éducation est une compétence provinciale. Il impose l'instruction obligatoire et donne (enfin !) le droit de vote aux femmes en 1944. Ironie de l'histoire, le vote féminin va d'abord aller à son adversaire Maurice Duplessis. Défait en 1944, Godbout reste à la tête des libéraux et devient le chef de l'opposition jusqu'en 1949.

DUPLESSIS : PAS SI SOMBRE

L'historien Marcel Tessier dit que Maurice Duplessis « retarde » pendant douze ans la Révolution tranquille qu'avait lancée Godbout. Je juge cette interprétation exagérée. Le Québec s'est modernisé et s'est développé intensivement pendant son « règne ». Nous sommes au lendemain de la guerre et la demande est là : surtout pour le minerai qui fait éclore et prospérer Baie-Comeau et Sept-Îles, et qui a fait naître le train de l'Iron Ore qui connecte le pays à Schefferville. Avec Duplessis, c'est déjà l'effervescence. Sa force immense est de servir de trait d'union – de point de rattachement – entre le Canada français traditionnel et le Québec moderne. Voilà ce que veut une bonne partie de l'électorat de l'époque qui est à la fois très pressé de moderniser le pays et viscéralement attaché à ses racines. Bien entendu, le Québec actuel qui veut retrancher de sa mémoire tout ce qui précède 1960 déteste Maurice Duplessis, qui incarne la transition entre l'ancien et le moderne. Avec ses réflexions constitutionnelles, ses grands barrages, ses gigantesques travaux, Duplessis amorce le mouvement que continueront Daniel Johnson, Jean Lesage, Robert Bourassa et René Lévesque. Fiscalement conservateur, il préconise des taxes très basses. Il réussit l'exploit d'électrifier les campagnes sans endetter la province. Tout comme Joey Smallwood à Terre-Neuve, Duplessis est prêt à céder presque gratuitement les ressources naturelles à de grandes compagnies si celles-ci fournissent de bons emplois et développent le territoire[11].

11. On caricaturera souvent Duplessis en disant, selon l'expression joual consacrée, qu'il a vendu le minerai à « une cenne la tonne », mais Jean Lesage va reconduire après lui ce même accord, le jugeant profitable.

Duplessis se sert de l'Église, qui ne soupçonne pas encore sa chute imminente, comme d'une organisation capable de fournir du travail quasi bénévole en santé et en éducation. (À sa mort, il laisse une carte de crédit vierge, que ses successeurs vont abondamment utiliser.) Résumons Duplessis et les assises de son pouvoir : il contente l'Église en préservant son rôle, mais il ne supporte pas qu'un membre du clergé le critique publiquement ; il fait plaisir aux traditionalistes et aux nationalistes avec son autonomisme qui tient tête à Ottawa et avec ses démonstrations de fierté[12] ; il fait plaisir aux milieux capitalistes et à l'élite anglophone en luttant contre les syndicats naissants. Cet équilibre tient jusqu'à la décennie 1960, lorsque l'Église s'effondre et que les syndicats deviennent les mastodontes hyper puissants que l'on connaît aujourd'hui. La gauche a aujourd'hui littéralement remplacé l'Église. Pas étonnant que Duplessis soit si souvent dénigré. Ce sont ses ennemis qui lui succèdent au pouvoir.

La mort de Duplessis est souvent présentée comme une rupture dans notre histoire. Pourtant, son successeur Jean Lesage, avec son enthousiasmant slogan *Maître chez nous*, emprunte à la manière Duplessis. À la limite, il se montre plus frondeur encore que son prédécesseur. J'extrapole, mais je pense que si Duplessis avait eu dix ans de moins, il se serait fait indépendantiste et que, sachant que sa pensée aurait eu une portée dans le milieu rural, il aurait pu réaliser l'indépendance – par ailleurs, le talon d'Achille électoral des indépendantistes indécrot-

12. Dont le drapeau du Québec en 1948. Mais c'est seulement sous la pression du député René Chaloult, de la Société Saint-Jean-Baptiste et, bien sûr, de Lionel Groulx qu'il va de l'avant.

tablement urbains restera longtemps les campagnes qui refusent d'embarquer !

Maintenant, c'est un cliché presque invulnérable : on associe la « grande noirceur » à Duplessis et la « révolution tranquille » à Jean Lesage. Mais cette présentation manichéenne, cette manipulation grossière, participe à l'amnésie bizarre de notre peuple qui a ironiquement la devise « Je me souviens ». On attribue des rôles simplets à nos personnages historiques sans tenir compte des réalités. Rendez-vous compte que tout ce livre jusqu'à maintenant vous a probablement surpris en parlant d'évènements qui ne devraient pas être méconnus. Pourquoi ces deux siècles d'amnésie de 1760 – la défaite – à 1960 ? Pourquoi cette obsession de refuser de voir d'où nous venons ? N'ai-je pas abondamment montré à quel point nous sommes le portrait craché, spirituellement parlant, de ce Canada français volontairement méconnu ? Par exemple : l'écartèlement bizarre qui fait que les Québécois aiment simultanément René Lévesque et Pierre Elliott Trudeau fait écho à d'autres couples d'ennemis antérieurs comme Louis-Joseph Papineau et George-Étienne Cartier ainsi que Honoré Mercier et Joseph-Adolphe Chapleau. Autre exemple très récent : lorsqu'après les attentats du 11 septembre, les États-Unis de George W. Bush ont invoqué des prétextes (spécieux) pour envahir l'Irak, le pacifisme québécois a dépassé les bornes. Cela rappelle les deux crises de la conscription ainsi que ce « pacifisme du vaincu » apparu au lendemain de la guerre de 1812 lorsque l'effort militaire n'est pas récompensé, et qui se raffermit avec la défaite des patriotes.

Même ce qu'il y a de pourri au royaume du Québec n'a rien de neuf : la corruption libérale est une réalité qui s'explique, historiquement, par le contexte des deux siècles avant 1960. Aujourd'hui, la propension de nos intellectuels au conformisme idéologique de gauche a déjà été un phénomène clérical. Le messianisme ultramontain qui pensait que le Canada français « rénoverait spirituellement » la dévoyée Amérique participe toujours de la mentalité du Québécois. Celui-ci se croit moralement supérieur, même si c'est désormais Québec solidaire et le NPD qui catalysent le vote moralisateur, toujours minoritaire, mais médiatiquement dominant. Ce sentiment de supériorité va de pair avec l'habitude d'avoir toujours un pouvoir au-dessus de soi à blâmer, que ce soit Paris, Londres, Ottawa, ou même Rome !

En oubliant et en méprisant ses origines, le Québec s'est rendu incapable de comprendre ses propres comportements collectifs. Vraiment, la croyance que *tout commence en 1960* et qu'il vaut mieux ne pas enseigner la « honteuse » histoire d'avant est contreproductive : cela fait en sorte que les démons ne se sont jamais exorcisés ni même reconnus. En accablant (hystériquement) un Duplessis et un Lionel Groulx, par exemple, on se rend incapable de comprendre quoi que ce soit à la réalité actuelle. Au moment d'écrire ces lignes, Montréal a une mairesse qui aime à répéter que sa ville est située sur un « territoire mohawk non cédé », ce qui est faux, mais elle le répète néanmoins !

Enfin, dernier problème : que dire au nouvel arrivant de bonne foi qui veut intégrer notre pays et qui désire le connaître ? Comment nous comprendrait-il si nous nous ignorons nous-mêmes ? L'essentiel de ce qui nous constitue collectivement aujourd'hui, nos qualités et nos travers, remonte à la zone d'ombre des deux siècles d'amnésie de 1760 à 1960. Comme je vous disais en introduction, dans ces conditions, pas étonnant que mon livre sur la Nouvelle-France se soit si bien vendu... à tel point que l'éditeur m'a demandé d'en écrire un pour couvrir le régime anglais et canadien par la suite !

Mais je suis en train de digresser. Retournons un peu en arrière pour rencontrer un contemporain de Duplessis très haut en couleurs : Camillien Houde.

CAMILLIEN HOUDE : LE FLAMBOYANT

Quel étonnant personnage que Camillien Houde ! C'est à ma connaissance le seul homme d'origine pauvre qui soit devenu un personnage politique aussi puissant : il fut maire de Montréal pendant si longtemps qu'on a fini par le surnommer « Monsieur Montréal ». À l'époque, c'est presque impossible de s'élever socialement. Vous remarquerez que presque tous les gens importants mentionnés dans ce livre proviennent de milieux bourgeois, voire nobles. Natif de Saint-Henri, Houde s'élève, très intelligemment, en apprenant à aimer sa langue, en la parlant bien, et ce, mieux que bien des riches. Pourtant, il ne perd jamais le contact avec le peuple dont il est issu. Il ne le renie pas. Il ne l'idéalise pas. Il le comprend. Il connaît ses forces et ses faiblesses.

Tous ses adversaires sont nés cent ou mille fois plus riches à Westmount ou à Outremont quand ce ne sont pas des fils de docteurs ou de notaires de province. Pour moi qui ai grandi à Verdun juste à côté et qui ai fréquenté la même école secondaire que lui, l'École supérieure de Saint-Henri, Camillien Houde était un modèle : il démontrait qu'avec l'amour de la langue et de la culture, on pouvait se libérer de sa condition ouvrière immédiate trop souvent abrutissante. À maints égards, j'ai imité Camillien Houde, parfois sans m'en rendre compte.

En 1968 quand le Cuba communiste fermait sa porte au tourisme, j'étais parvenu à y mettre les pieds, même si l'on me soupçonnait d'être un espion. Quelle ne fut pas ma surprise à La Havane, sur la place de la Cathédrale, de tomber sur une plaque commémorative signée par Camillien Houde en 1936 pour honorer celui qui est peut-être le plus grand de nos héros nationaux (qu'aucun écolier ne connaît bien sûr): Pierre Le Moyne d'Iberville. Ce dernier, revenu de la Louisiane, était venu mourir à La Havane de la fièvre jaune (ou d'empoisonnement par les Anglais qu'il menaçait de chasser d'Amérique grâce à une alliance avec l'Espagne).

Autre similitude avec Camillien Houde: mon admiration pour Napoléon, même si pour ma part je ne pousserai pas le culte jusqu'à me faire enterrer comme lui sous un monument en forme de sarcophage inspiré de celui de l'Empereur aux Invalides. Cet homme-orchestre à la vie invraisemblable a été employé de banque, agent d'assurance, député bleu conservateur (tant à Ottawa qu'à Québec), chef du Parti conservateur à Québec (évincé ensuite par Duplessis). Il a l'habitude de manger dans un restaurant populaire à deux rues de chez lui sur le Plateau Mont-Royal, la Binerie, qui existe encore et qui se targue de rester fidèle à la tradition. Sa photo est encore sur le mur. Dans ce lieu, il a accès à ce que pensent les gens du peuple. René Lévesque s'est d'ailleurs donné cette discipline plus tard pour ne pas perdre pied. L'élite a la fâcheuse manie de s'enfermer dans ses propres établissements et clubs. Le politicien qui a l'instinct démocratique se méfie de cet éloignement. Sans cette proximité viscérale de Camillien Houde avec le bon peuple de Montréal, ce dernier serait probablement devenu une créature de l'*establishment*, un parvenu épris de compromis, pour ne pas déplaire. Mais tel ne fut pas son cas : alors qu'un Godbout – on l'a vu – se couche devant Ottawa qui renie sa parole en imposant la conscription, Camillien Houde sacrifie sa propre liberté – et impose un calvaire à sa famille soudainement privée d'argent – pour ne pas lâcher. Le fédéral l'interne dans un camp de prisonniers. Il y reste quatre ans ! Voilà un homme de conviction. Dans la foule d'admirateurs qui l'acclament, il y a un jeune homme très attentif à ce qui se passe : Jean Drapeau, qui lui aussi se fera surnommer « Monsieur Montréal ». Pourtant, le style est différent : Drapeau est un politicien plus normal, fils d'un père proche des milieux politiques, de bonne école (Collège Jean-de-Brébeuf), sérieux voire moralisateur et proche de l'Église. Mais il est animé d'idées grandioses dont plusieurs, tels l'Expo 67 et les Olympiques de 1976, qui se concrétisent !

Mais vous connaissez Jean Drapeau ! Ce dernier s'est illustré surtout *après* 1960. Camillien Houde est méconnu, voire inconnu, parce qu'il a le malheur d'avoir œuvré pendant notre période d'amnésie de 1760 à 1960. Pourtant, Houde est, à nos yeux, plus moderne, plus libéral que Drapeau. Il tolère la pègre qui brasse des millions et qui attire des investissements américains faramineux et il accommode aussi les fêtards avec ses vespasiennes (des toilettes publiques bâties partout en ville). Aussitôt élu, Drapeau va combattre tout ce que Houde tolère : les maisons closes, les bars clandestins, les abus d'alcool, etc. C'est plutôt Drapeau qui est moralisateur et Houde qui hausse les épaules devant l'inévitable licence humaine.

LA DÉMISSION DU CARDINAL LÉGER : RADIO ET TÉLÉ

En 1950, année sainte, Paul-Émile Léger, le nouveau cardinal, avec sa toge pourpre, arrive à Montréal. Il s'étonne du calme qui règne. « Mais où sont les journalistes ? », demande-t-il en constatant la quasi-absence des médias. Voilà le signe du déclin de l'Église. Notre peuple a vécu sous son joug (mais a survécu grâce à elle – on y a trouvé notre compte !) de 1840 avec monseigneur Bourget qui prend toute la place après la défaite des patriotes, jusqu'à la mort de Duplessis en 1959. C'est plutôt le personnage du cardinal Léger qui représente la parenthèse de fermeture. Après lui, au Québec, il n'y a plus de figure d'autorité catholique. C'est fini.

Cet homme s'exprime si merveilleusement que cela étourdit son auditoire. Sa langue l'emporte par sa qualité sur toute autre figure publique. Je me rappelle tout jeune chez ma grand-mère être obligé de m'agenouiller à 19 heures pour participer à l'émission *Le chapelet en famille* dont le slogan était *Une famille qui prie est une famille unie* sur les ondes de CKAC. Le cardinal anime cette émission de prière qui, à la surprise générale, bat tous les records de cotes d'écoute ! Radio-Canada est obligée de changer le créneau horaire de son « programme » le plus populaire : *Un homme et son péché*. Pas question pour le cardinal de changer l'heure du chapelet. C'est la société d'État qui cède. Ainsi, on a la prière avec Paul-Émile Léger à 19 h et, à 19 h 15, on change de poste pour écouter les *Belles histoires*.

Pendant le chapelet, le cardinal y va de petits sermons, qui sont autant de mini-éditoriaux, pour s'en prendre à la dépravation, aux péchés sexuels surtout, à l'influence insidieuse de la télévision et du cinéma. Il a aussi en grippe l'alcool. Il exècre les « motels » qui viennent d'apparaître et où se réfugie la sexualité illicite. Pendant la canicule, il dénonce le fait que plusieurs se dénudent. La plage lui semble un lieu immoral : les gens y montrent trop de peau.

Son influence est alors énorme. Lorsqu'un hôpital comme Saint-Charles-Borromée tombe en décrépitude, il profite du chapelet pour lancer un appel à la corvée chez les ouvriers qualifiés qui se bousculent alors pour y travailler gratuitement les soirs et les fins de semaine (sauf le dimanche, bien sûr, qui est le jour du Seigneur). Lorsqu'un incendie majeur dévaste Rimouski, le cardinal utilise son micro pour encourager ses ouailles à la générosité : les dons affluent ! Cela démontre le puissant rayonnement de cet homme qui, pourtant, n'est plus de son temps et il le sent ! Quelle ironie que l'Église québécoise ait hérité de son plus talentueux et intelligent chef précisément à la toute fin de son règne. Cela nous permet de fermer la période qui commence par un géant – monseigneur Bourget – par un autre géant.

Comme journaliste de 27 ans pour CKLM en 1967, je reçois un communiqué Telbec du palais cardinalice nous convoquant à l'aéroport de Dorval pour une conférence « capitale » du cardinal Léger. Incroyable ! Lui que les médias n'attendaient pas à son arrivée en 1950 a droit à une « forêt de micros » – selon son expression – lors de son départ. C'est le but de sa conférence: nous dire qu'il part. Il renonce à son rang de cardinal. Il démissionne de son poste de chef de l'Église de Montréal. Il retourne aux sources de sa vocation comme missionnaire pour aider l'Afrique et opte pour le Cameroun. Il ne nous laisse pas lui poser de questions et tourne les talons pour entrer dans l'avion qui décolle et... *bye bye*, cardinal Léger! Comme pour faire exprès, le cardinal a choisi l'année de l'Expo, dont tout le Québec se souvient, pour tirer sa révérence. Après lui, monseigneur Paul Grégoire, dont j'oublie souvent le nom, fait si pâle figure que CKAC fait sauter l'émission du chapelet devenue insipide et de moins en moins suivie. Comme je vous l'ai dit, après le cardinal Léger, c'est le déluge, pour l'Église québécoise.

En 1984, une semaine avant la visite de Jean-Paul II (et la découverte de Céline Dion), l'ancien cardinal Léger me reçoit – dans le séminaire des Sulpiciens de la place d'Armes – pour un reportage au sujet des papes les plus marquants et il est d'une simplicité et d'une gentillesse désarmantes. Cet homme n'entretient aucun complexe. Ayant abandonné la toge, il ne joue plus au superbe.

DE 1960 À AUJOURD'HUI : LE DEMI-AFFRANCHISSEMENT

Avec Jean Lesage, aime-t-on à dire, la « lumière fut ». Du moins, c'est alors que l'on va se croire *intelligent* d'enterrer deux siècles de mémoire pour nous croire *nouveaux*. Le prix à payer pour cet oubli étant bien sûr de constamment bégayer historiquement comme un vieux disque vinyle qui saute. Avec le recul, on comprend que Jean Lesage et son équipe du tonnerre, qui lancent la Révolution tranquille, parachèvent l'œuvre de Duplessis, après sa mort. Si les libéraux se sont donné un Jean Lesage comme chef, c'est parce qu'il est flamboyant, il incarne une sorte de « Duplessis libéral » capable de nationalisme offensif. L'incroyable se produit : le Parti libéral de Jean Lesage bat l'Union nationale sur le terrain du nationalisme. Bientôt le général de Gaulle octroie à Jean Lesage une délégation générale du Québec à Paris en 1961, chose à laquelle Duplessis n'a jamais pensé (lui qui aimait censurer les films français trop osés et qui prétendait que notre français supplantait celui de Paris). Par « nationalisme offensif », je vais parler de la multiplication de sujets de fierté et du devoir pour le Québec de s'intéresser à tout ce qui peut l'épanouir. Il y a la Société générale de financement, la création de la Caisse de dépôt et placement (projet porté par un jeune Jacques Parizeau), la nationalisation de l'électricité (pilotée par René Lévesque), la création d'une diplomatie québécoise (conçue par Paul Gérin-Lajoie). Pour notre peuple longtemps léthargique, il s'agit d'une entrée fracassante dans la modernité. Cette affirmation nationale inquiète toutefois Ottawa et force Jean Lesage à définir son « statut particulier » pour le Québec futur, ce qui pousse de jeunes gens audacieux à se revendiquer indépendantistes. Ce mouvement jadis marginal, qui semble ridicule aux yeux des gens sérieux, se normalise. Lesage se défait de l'expression trop étroite de « province » au profit de « État du Québec ». La marmite nationale bout et il en sort des éclaboussures : le Front de libération du Québec du début des années 1960 s'attaque aux symboles britanniques, celui des années 1968-1969 est plus à gauche et obsédé par sa « lutte contre le capitalisme ».

Or, tout n'a pas vraiment changé. Toute notre histoire oubliée de 1760 à 1960 continue de nous déterminer. Notre pacifisme exagéré en atteste. Notre manie de ne rien régler et de toujours rester entre deux chaises explique le succès d'un homme comme Robert Bourassa. Succès normal chez un peuple qui aime à la fois René Lévesque et Pierre Elliott Trudeau, ce qui constitue encore une contradiction dans les termes, comme on l'a déjà vu avec Honoré Mercier et Joseph-Adolphe Chapleau. Notre taux d'analphabétisme demeure stratosphérique, incroyable même pour un peuple ayant notre niveau de développement : nous n'avons jamais fait face au démon de l'ignorance qui remonte à loin. La fracture entre l'élite intellectuelle et le peuple, qui date de la Nouvelle-France, reste insurmontable. Cette déconnexion explique l'échec politique, notamment celui de 1995 : le courant ne passe pas. C'est encore plus spectaculaire chez les intellectuels qui se veulent près du peuple et qui sont encore plus déconnectés politiquement de lui. On le voit avec Québec solidaire aujourd'hui. Mais cela a toujours été le cas d'une certaine gauche souverainiste qui se dit populaire, mais ne l'est pas. Avec un million et demi d'analphabètes, notre peuple, qui a eu la bêtise de mutiler sa mémoire, est facile à manipuler.

Revenons à Jean Lesage. Quand sa demande de statut particulier est rejetée par Ottawa, les plus nationalistes s'en vont, dont René Lévesque et Jacques Parizeau. Ensuite, Lesage est battu en 1966 par Daniel Johnson père dont le gouvernement est minoritaire avec le slogan Égalité ou indépendance. Johnson en appelle au général de Gaulle pour internationaliser la question québécoise. Une nouvelle personnalité émerge lors d'une conférence constitutionnelle où un professeur de droit de l'Université de Montréal profite de la faiblesse de l'Union nationale pour rabrouer sa revendication d'être reconnu comme une nation. Je parle bien sûr de Pierre Elliott Trudeau, que Jean Lesage lui-même avait déjà qualifié de petit professeur de droit suffisant et faraud. Si Lesage était demeuré au pouvoir et avait fait face à P. E. Trudeau, sans doute que notre histoire aurait été très différente. Voilà un autre « vol » dont les Québécois sont victimes : P. E. Trudeau participe à leur ôter le statut de « nation fondatrice ». Le même P. E. Trudeau nous vole à nouveau pendant le référendum de 1980 en promettant un fédéralisme renouvelé, mais il en profite pour nous rentrer la constitution de 1982 dans la gorge (même si Québec ne la signe pas). Son but est de discréditer la loi 101, de discréditer le nationalisme. Avec la présence du timide Robert Bourassa qui obtient de Brian Mulroney l'attribution d'un statut particulier pour le Québec au Lac Meech en 1990, le Québec se fait voler encore une fois. P. E. Trudeau, Jean Chrétien, Clyde Wells de Terre-Neuve, Elijah Harper du Manitoba font achopper l'accord.

Parlant de Jean Chrétien, il est un joueur majeur dans le bousillage des tentatives d'accommoder le Québec pour ne pas l'étouffer. Toute sa carrière, il mise contre nous et gagne. Sa politique incarne les aspirations anti-québécoises du Canada anglais et diabolise même l'idée d'un simple « statut particulier » pour le Québec (si cher aux fédéralistes réformistes). Ce qui est étonnant, avec Chrétien, c'est son cabotinage, qu'il fait volontairement ; il joualise, multiplie les anglicismes, baragouine, etc. Il s'arrange pour avoir l'air moins intelligent en public qu'en privé. Vous ne verrez jamais le vrai Jean Chrétien calculateur et impitoyable. Un magicien ne révèle jamais ses secrets. Son intelligence indéniable, Jean Chrétien la met au profit d'une odieuse gageure contre son peuple, qu'il sait bonasse et amnésique (comme en témoigne ce livre entre vos mains). Chez les anglophones et les allophones, Jean Chrétien cultive la peur des aspirations minimales les plus légitimes du Québec. Avec Stéphane Dion, il brandit la menace de la partition (que les cerveaux mous de Québec solidaire ont internalisée). Il instrumentalise l'immigration de masse pour en faire une arme. À la faveur d'un livre de mémoires en 2018, Chrétien met en garde les Québécois contre l'utilisation de la clause dérogatoire. Pourtant, c'est Londres, je vous le rappelle, qui impose au tandem P. E. Trudeau/Chrétien d'inclure cette clause par respect pour les provinces fondatrices de 1867, l'Ontario et le Québec. Et malgré tout, aucun premier ministre du Québec ne daigne signer le torchon de 1982.

On se moque encore de nous en 1992 avec le très insignifiant accord de Charlottetown. Les Québécois votent NON à cette mascarade alors que le Canada vote NON parce qu'il juge que le Québec ne doit même pas recevoir de miettes. Scandalisé par cette servilité qu'incarne l'accord de Charlottetown (rédigé par Jean Charest), un certain Lucien Bouchard fait défection et fonde le Bloc : encore une division ! En 1995, Jean Chrétien est à la barre et c'est le festival de la tricherie du côté fédéraliste qui a, effectivement, volé la victoire en dépassant allègrement les limites de dépenses et en tablant sur un nombre croissant de néo-Québécois et d'anglophones hostiles à l'indépendance. Si Jacques Parizeau n'a pas tort quand il dit que nous avons été battus : « Au fond par quoi ? L'argent et des votes ethniques. Essentiellement. », il a mal jaugé, selon moi, la situation où le rapport de force ne lui était pas du tout défavorable. Il aurait pu exhorter tous les fédéralistes réformistes qui n'acceptent pas le statu quo de le rejoindre pour nous obtenir à tout le moins un statut particulier. Voilà l'histoire qu'on nous a volée. Et si je puis m'exprimer franchement, je trouve qu'à bien des égards, notre ineptie politique depuis 1960 est bien plus déprimante que notre étonnante résilience comme peuple de la défaite des plaines d'Abraham jusqu'aux années 1960. Quant à ce trou de mémoire dont nous n'avons pas conscience, il prépare notre « louisianisation » qui, comme notre soi-disant révolution, sera tranquille. Un tel bilan est bien triste pour une nation qui n'a acquis qu'un demi-affranchissement. Nous voilà de retour à la case zéro : celle où nous étions avec sir George-Étienne Cartier… dont nous ne nous souvenons plus. Si George-Étienne Cartier nous a donné un « demi-État », Jean Lesage avec son « équipe du tonnerre » nous aura donné le goût d'un véritable État dont on serait les maîtres, sans bien sûr renoncer à la tutelle de Londres ou d'Ottawa. Cet art de faire les choses *parfaitement à moitié* demeure bien de chez nous.

CONCLUSION

QUI NOUS A VOLÉS ?

Et si nous étions nos pires ennemis ? La question que tout le monde se pose en lisant le titre *La mémoire qu'on nous a volée* est de savoir qui est le *voleur* ? Y a-t-il un complot ? Sont-ce les Anglais ? Non ! Certes, le Canada anglais a tout avantage à effacer notre passé pour le réécrire à sa guise, et des *Minutes du Patrimoine* et autres récits aseptisés dégoulinants nous sont présentés, mais tout le monde s'en moque. Force est d'admettre que l'amnésie nationale du Québec a été l'œuvre des Québécois eux-mêmes.

Dans les années 1990 tandis que les chroniques historiques à la radio font fureur, le ministère de l'Éducation fait des pieds et des mains pour enterrer notre mémoire. Pourquoi ? Les téléromans de l'époque dépeignent le Canada français avec une méchanceté qui fait qu'on se dit : « Ouf ! Heureusement que je n'ai pas vécu à cette époque ! » Nos aïeux deviennent nos faire-valoir, ce qui ôte toute valeur à notre généalogie collective. On pense Duplessis, quelqu'un dit : « orphelins » ! Comme si sa contribution se limitait à ça. L'Église ? On crache dessus. Les Amérindiens, ces malheureux, – que l'on ne sait plus nommer : faut-il dire « autochtones » ou « premières nations » ? – sont encore soumis à la Loi des Indiens et l'on est en train de leur trouver des compensations imaginaires dans le langage ! Leur véritable histoire n'est pas plus enseignée que la nôtre. Dans leur cas, c'est carrément leur « identité » qu'ils se sont fait voler ! Et maintenant, des militants se servent des Premières Nations pour attaquer le Québec, notamment des militants du parti Québec solidaire, lequel adhère au partitionnisme, soit un morcellement du Québec, pourvu que ce soit à la demande de nations amérindiennes. Plus incroyable encore, Montréal s'est donné un maire (Denis Coderre), puis une mairesse, qui tous deux clament un mythe que tout le monde sait faux : celui du « Montréal territoire Mohawk non cédé ». Au moment de mettre ce livre sous presse, Valérie Plante répète ce mensonge avec une obstination déconcertante. Pourquoi ? Comment l'université, censée défendre la vérité historique et la science, peut-elle la laisser faire ? Timidement, des historiens protestent, mais nul ne les entend. Amnésie aidant, la mairesse de Montréal ne peut pas le savoir, mais elle perpétue l'amnésie de deux siècles et prépare, peut-être, le prochain grand effacement : celui du Québec lui-même.

Car si l'on a si facilement amputé notre peuple de deux siècles de mémoire, il sera facile de lui enlever un petit demi-siècle de rien du tout ! Le basculement qui survient à la fin de ce livre en 1960, soit le passage soudain du nom « Canadien français » à celui de « Québécois », va peut-être s'inverser. Le péché originel de notre pays qui n'en est pas un, le Québec, celui d'avoir renié ses racines, se retourne contre lui. Vais-je recourir à la parabole de la maison bâtie sur du sable ou du roc ? L'une s'enfonce, l'autre dure. Eh bien, le Québec moderne ne s'est pas construit sur du solide. Voilà, on s'enfonce... Sans surprise, cela ne choque pas grand monde que la mairesse de Montréal se permette de tasser le drapeau du Québec des conférences de presse. Il y a 25 ans, cela aurait provoqué une émeute. Madame ne se souvient-elle pas de la Loi sur le drapeau et les emblèmes du Québec de Daniel Johnson père qui donne la priorité au drapeau national, le fleurdelisé, puisque les municipalités relèvent de l'Assemblée nationale ? Non, elle ne le sait peut-être pas. Montréal aspire à se « déquébéciser » ? Rajoutons à cela la disparition de dizaines de plaques historiques et de monuments que jamais on ne remplacera : celle de Lambert Closse (sur le lieu de son assassinat, rue Saint-Laurent), celle de Lamothe Cadillac le fondateur de Détroit (dont la maison natale loge un restaurant McDonald), la statue de Jean-Olivier Chénier, jadis sur la rue Saint-Denis, qui s'est fait déplacer par le nouveau CHUM et que l'on ne reverra pas de si tôt. Et je ne nomme là que quelques exemples. Il y en a plusieurs dizaines à Montréal et cela ne scandalise personne. Quand j'en avise la ville, on me répond qu'il n'y a pas d'argent pour les remplacer. Notre mairesse qui n'a plus de mémoire devient donc elle-même une « voleuse de mémoire » comme d'autres militants de son acabit. Son Montréal idéal n'a pas de passé. Pendant son court règne, Denis Coderre radotait les mêmes inepties (« territoire Mohawk non cédé ») et construisait pour le 375ᵉ de sa ville des monuments sans aucun rapport avec son passé. Pensons au boulevard Robert-Bourassa et au parc où deux monuments fort coûteux, mais parfaitement quelconques, dont un qui rend hommage à la Terre, accueillent le visiteur. Voilà un bilan d'effacement. Cela demeure mystérieux, je le répète, puisqu'on se demande bien ce qu'un Denis Coderre avait à gagner à ne pas honorer Jeanne Mance et de Maisonneuve à cette occasion. Rien ! Sans doute aurait-il eu droit à un deuxième mandat comme maire de Montréal s'il avait daigné ne pas avoir honte de Montréal. Et la même chose vaut pour tous les maires depuis Jean Drapeau et Jean Doré. Je trouve dommage que Pierre Bourque ait cédé aux pressions du lobby de *The Gazette* lorsqu'il voulait déplacer l'amiral Nelson en l'ôtant de la place Jacques-Cartier pour le recycler sur la place Trafalgar afin de laisser la colonne honorifique à Jacques Cartier. En rétrospective, M. Bourque, cela valait-il la peine de céder ? Ne nous étonnons pas que les chefs de partis nationaux en 2018 aient créé un précédent en acceptant un débat en anglais, ce qui contrevient à l'esprit de la loi sur la langue officielle. Que le chef du PQ accepte de participer à un débat national en anglais sans se rendre compte que cela équivaut à officialiser le bilinguisme dépasse l'entendement. On est en train d'oublier à nouveau, mais cette fois on n'oublie pas le vieux Canada français, tenace malgré tout, on oublie le Québec jeune et fragile.

Il y a une chose que je semble être le seul à penser et je vais le dire ici. Et si notre déclin national datait de 1977 ? De 1960 à 1977, le Québec moderne fait de grands pas, puis c'est le mur. La loi 101 de Camille Laurin – qui date de 1977 – ne cesse de se diluer. Dès sa création, les attaques se multiplient. On brandit les chartes des droits pour la contester et pour rejeter toute décision collective. En 1980, après l'amère défaite de René Lévesque au référendum, les Québécois – qui répètent les mêmes erreurs que sous le Canada français oublié – réélisent le PQ après lui avoir coupé les ailes. J'ai eu ma petite part dans ce résultat paradoxal de la campagne de 1981, ayant réalisé un canular téléphonique qui a contribué à discréditer le chef libéral, Claude Ryan. À l'époque, celui-ci fait déjà rire de lui parce qu'il a confié qu'il se sentait « guidé par la main de Dieu ». Le 1er avril de cette année-là, pour faire une blague, je demande à un humoriste de l'époque, Claude Landré, de personnifier un Pierre Elliott Trudeau que je réveille le matin par un appel surprise. L'imitation est bonne. Landré joue P. E. Trudeau à la perfection ! Il manifeste son impatience devant l'impasse de son projet de rapatriement de la constitution canadienne et annonce son intention de démissionner à dix heures le jour même. Bien sûr, c'est un poisson d'avril… mais Claude Ryan mord à l'hameçon. Le chef libéral envoie un communiqué Telbec à tous les médias du Québec et du Canada pour rendre hommage au premier ministre démissionnaire, ce qui fait rire tout le monde, aux dépens du pauvre M. Ryan. Un ministre du cabinet Lévesque, Marcel Léger, dit : « Voulez-vous vraiment vous faire diriger par un gars qui croit à un poisson d'avril ? » *The Gazette* mentionne en une cette affaire du *Gilles Proulx's April Fool's Day* et se dit déçu de son « champion », qui va perdre et céder sa place à celui auquel il a succédé : Robert Bourassa. Ce M. Bourassa de retour au pouvoir multiplie les compromis pour accommoder la communauté anglophone. Il donne à Claude Ryan, devenu un ministre important, la mission de concocter une loi 101 version allégée qui sera le projet de loi 86. Nous n'avions pas le choix, me direz-vous. Il fallait respecter un jugement de la Cour suprême. Petit rappel. En

1988 pour animer une émission spéciale, je m'installe à la porte de la Cour suprême – littéralement, sur son parvis, avec le camion de CJMS – pour accueillir la décision du Saint des Saints au sujet de la loi de Camille Laurin. Sans surprise, les juges disent : « la loi 101 porte atteinte aux droits de [patati et patata] même si l'on peut comprendre que la fragilité de la langue française peut justifier une loi linguistique et [bla bla bla] ». C'est alors que Bourassa invoque la clause dérogatoire pour maintenir la loi 101 en attendant que son brillant lieutenant Ryan lui concocte le compromis de la loi 86. Je me suis fait un devoir, avec Gilles Vigneault et Lucien Bouchard, de prendre la parole devant 60 000 manifestants venus sur la place Jacques-Cartier réclamer le retour à la loi 101 d'origine. Ce à quoi le ministre Ryan répond le lendemain quelque chose comme : « Bof ! 60 000 protestataires, ce n'est même pas 1 % de la population du Québec. » En effet, c'est environ ce nombre d'électeurs qui feront « gagner » le NON en 1995, mais j'anticipe.

Les Québécois de l'époque rêvent toujours de réaliser le programme exposé à la blague par Yvon Deschamps : « Un Québec fort dans un Canada uni ! » Ils se font un plaisir de tasser les libéraux fédéraux de John Turner (qui vient de succéder à P. E. Trudeau) pour élire Bryan Mulroney qui propose un retour du Québec dans le giron constitutionnel et qui a pour lieutenant québécois un certain Lucien Bouchard. L'Accord du lac Meech qui enthousiasme les Québécois (mais juste eux) en proposant un statut distinct choque le reste du Canada pour qui toutes les provinces se valent. Quant à la colère à la suite de Meech, j'en ai parlé plus tôt : elle va se déverser contre l'insignifiant Accord de Charlottetown en 1992, puis, coup de théâtre, en 1994, par l'élection de Jacques Parizeau. Tout semble encore possible. Mais le Québec n'a pas l'instinct du tueur. Les évènements de 1995 à l'an 2000 vont le démontrer. Comme je l'ai dit, Parizeau a tellement raison de dire que les navrants résultats du référendum ont quelque chose à voir avec l'immigration massive rétive à la souveraineté et avec les dépenses illégales des alliés du fédéral que l'on va rapidement s'en rendre compte ; le « scandale des commandites » des années 2000 nous l'a amplement démontré. Mais pour ce référendum volé, ce serait trop facile d'accuser le Canada anglais. Non, il y a quelque chose de plus dérangeant pour nous. Première erreur : jamais Jacques Parizeau n'aurait dû démissionner. Il aurait dû inviter les fédéralistes réformistes – alors très influents – pour nous faire obtenir un statut de souveraineté culturelle pour « battre le fer pendant qu'il était encore chaud » comme on dit. Immédiatement après 1995, cela aurait pu marcher. Pendant plusieurs années après le référendum volé, l'appui à la souveraineté frise les 60 %. Lucien Bouchard, réputé bagarreur politique hors pair, prend la place de Parizeau. Lui aussi peut alors passer à l'attaque. Mais non, deuxième erreur : toute l'énergie nationale accumulée va plutôt être recyclée dans un « virage ambulatoire » et une restructuration étatique pour satisfaire Wall Street. Mystérieusement, Mario Dumont, qui était embarqué dans le camp du OUI en 1995, se met soudainement à préconiser un « moratoire », c'est-à-dire une pause, au sujet de la question nationale juste au moment où c'était possible de la régler. Imagine-t-on une équipe de sport qui a le vent dans les voiles et qui s'efforce de casser sa propre dynamique ? Pourquoi ? On n'a pas l'instinct du tueur ! Lorsqu'il fallait attaquer et gagner, nous nous sommes assis : l'adversaire s'est relevé et nous a sacré un grand coup de pied dans la face avec la loi sur la clarté référendaire de Stéphane Dion en l'an 2000. Nous l'avons laissé faire en ne faisant rien lorsque nous le pouvions et désormais la Cour suprême nous dit que pour gagner, il faudrait plus qu'un simple 50 %. On a changé la règle du jeu. Non content d'avoir volé la victoire, on a volé la possibilité même d'un « référendum gagnant ».

Encore au chapitre de « l'autosabotage », notre propre ministère de l'Éducation, comme j'en parlais plus tôt, devient toxique. Le Québec n'a pas de pire ennemi que cet organe public qui fabrique des ignares diplômés. Aux environs du référendum de 1995, sous le ministre de l'Éducation Jean Garon, se tiennent des « états généraux de l'éducation » et le rapport est quasi unanime : il est nécessaire de retourner aux matières de base, mathématiques, français, géographie, histoire, etc. Il faut mettre au placard les quétaineries pédagogiques. Pourtant, le ministre va alors entamer une réforme pour faire exactement le contraire. Cela peut sembler incroyable, mais au lieu d'en revenir à l'essentiel, on cache l'essentiel sous le tapis. On essaie d'arrêter de noter les élèves. Les bulletins deviennent incompréhensibles. L'histoire est mise au panier. Le tutoiement est introduit au nom de la convivialité. Le ministère adopte des méthodes importées d'Europe où elles ont déjà échoué lamentablement… mais il va de l'avant quand même. Les « compétences transversales » font rire tout le monde, mais le ministère les applique ! Où sont les ministres de l'Éducation ? Que font les chefs Lucien Bouchard ou Bernard Landry ?

Comment une ministre comme Pauline Marois peut-elle avaler une si grosse attaque mentale contre la jeunesse québécoise (tout en préconisant le tutoiement du professeur en classe) ? Mystère. Mais n'allons pas accuser le Canada anglais de nous avoir attaqués sur ce point. Le PQ fait du zèle pour effacer le souvenir religieux qui permet de comprendre (un peu) le passé. Mme Marois se vante d'avoir déconfessionnalisé le système scolaire… « grande » victoire contre ce qui restait d'une institution déjà moribonde ! Bernard Landry se croit moderniste quand il renomme la *fête de Dollard* par la *Journée nationale des patriotes* sans se rendre compte qu'en avalisant le mythe injuste du Dollard des Ormeaux qui aurait été un filou, il pave la voie aux maires de Montréal qui mentent effrontément pour dire que leur ville occupe un territoire Mohawk non cédé. Et le plus fou, c'est que la même « gaugauche » qui a soutenu hystériquement et malhonnêtement que Dollard était un voleur crache maintenant sur la fête des Patriotes, qu'ils trouvent trop nationaliste. En essayant de s'expurger de tout ce qui reste du Canada français, le Québec s'éviscère. Nul doute que s'il reprenait le pouvoir, le Parti québécois se croirait intelligent de retirer le crucifix au nom de la laïcité, en détruisant ainsi encore une fois ce qui lui rappelle sa réalité historique.

Pauvre immigration ! Celle qui veut s'intégrer ne trouve pas de peuple d'accueil. Le Québec lui dit : « Oh moi ? Je n'ai pas de passé ! Pas de culture propre. Tu peux garder la tienne. » Il n'y a pas eu de débat démocratique pour imposer le multiculturalisme à la P. E. Trudeau. Un jour, le peuple a vu les accommodements déraisonnables et a dit : « c'est assez ! » C'était clair. Eh bien, la quasi-totalité de la classe politique et médiatique a grimpé dans les rideaux et a vu dans cette fermeté populaire une sorte d'intolérance. Plus ridicule encore : le Parti québécois d'André Boisclair se positionne alors clairement *contre le Québec* dans cette affaire pourtant cruciale. Quant à Mario Dumont, dont je viens de vous parler, il se retrouve catapulté chef de l'opposition officielle et, alors, au lieu de « frapper la balle », il temporise. Il laisse les libéraux de Jean Charest enterrer l'affaire avec un exercice inutile de commission coûteuse où tous les « experts » sans exception sont des multiculturalistes (même s'ils préfèrent se dire « interculturalistes » pour brouiller les cartes et les esprits puisqu'ils ne savent rien faire d'autre) qui disent que finalement il n'y a pas vraiment de crise. Et c'est toujours la version officielle aujourd'hui : la crise des accommodements raisonnables était artificielle et médiatique. Que du vent ! Parce qu'on n'a plus le culot minimal de défendre la langue, on se replie sur la question identitaire, mais avec une tiédeur inconcevable. Où sont passés les Michel Chartrand et les Pierre Falardeau qui choquaient et qui tonifiaient par leurs francs-parlers et leur vocabulaire liturgique ? Même les sacres sont en voie de disparition, soutiennent certains linguistes. Comment être surpris ? Ces gros mots qui horrifiaient nos arrières-grands-mères ne sont-ils pas des points d'attache au Canada français ? Si l'on rejette tout ce qu'on peut de la culture pour se « purifier » (et devenir multiculturel), il faut sacrifier non seulement le crucifix, mais les sacres eux-mêmes.

Un jour, on baptisera la Grande Bibliothèque « Bibliothèque Lise Bissonnette » pour honorer la mémoire de celle qui est déjà presque complètement oubliée par la jeunesse d'aujourd'hui. Celle que j'aimais tant lire dans *Le Devoir* dont elle était l'éditorialiste en chef et que j'aurais tant voulu voir ministre de l'Éducation pour éviter la débâcle du « renouveau pédagogique », lequel n'est que le nouveau vol de mémoire auquel on nous soumet. Y a-t-il aujourd'hui un journaliste de la trempe de Mme Bissonnette digne successeure des André Laurendeau, Claude Ryan et Laurent Laplante ? Non. Au moins, me direz-vous, elle a œuvré à la création d'une institution qui a pour but d'entretenir la mémoire. Pour mon humble part, j'écris ce livre en ne me faisant pas d'illusions : l'amnésie continuera son travail de sape dans la nation. Puisque nous nous sommes privés de notre mémoire des années 1760 à 1960, nous nous vouons à oublier rapidement les 60 dernières. Le Québec subira par sa propre faute ce qu'il a injustement fait subir au Canada français, et un jour, les mensonges d'une Valérie Plante seront crus ! Ce jour n'est-il pas déjà arrivé ? Des références sans rapport avec notre histoire nous sont imposées agressivement par des élites plus déconnectées que jamais : on parle de « réconciliation avec les autochtones » alors qu'ils étaient nos alliés. Mais nos jeunes « ignorantissimes » ont décidé de jouer le « rôle des Américains » qui ont massacré les populations pour conquérir l'Ouest. Mais enfin, ce n'est pas *notre* faute, celle-là ! Notre nation franco-indienne a été déchirée contre notre gré ! Pareillement, on nous fait, par ignorance, un procès en esclavagisme, alors que ce dernier était quasiment inexistant ici. On saute sur l'épisode de Marie Angélique pour incriminer le Canada comme si c'était les États-Unis. Si l'on renonce à tout ce qui fait le Québec, pourquoi ne pas renoncer à ses propres références ? C'est ainsi qu'au nom de l'enseignement de l'histoire, on efface la mémoire. Faire croire que la Nouvelle-France qui tenait debout exclusivement grâce à l'alliance franco-indienne était en réalité un état dominateur voleur de terres et esclavagiste, c'est de la désinformation ! C'est d'autant plus pervers que l'on administre le poison comme si c'était le remède. C'est la même chose avec le cours d'éthique et culture religieuse créé pour succéder au cours de catéchèse jugé trop catho et qui n'est qu'un pur exercice d'endoctrinement des esprits pour les javelliser et leur faire tolérer l'inacceptable lorsqu'ils l'ont devant les yeux. Incroyable de penser que cette hécatombe culturelle québécoise a eu pour artisans zélés des Québécois eux-mêmes ! Et non seulement nos étonnants nationalistes fossoyeurs de la nation ne s'en repentent pas, mais ils ne s'en rendent pas compte. Si les fédéralistes postnationaux dont P. E. Trudeau demeure le prophète *comprennent ce qu'ils font*, parce qu'ils accusent la nation de tous les maux du monde, parce que la nation est leur bouc émissaire, que dire des nationalistes autoproclamés qui eux-mêmes cultivent les rengaines les plus éculées de l'antinationalisme avec une naïveté presque enfantine ? Pour conclure, je pourrais voler la réplique du Christ en croix et dire : « Pardonnez-leur, car ils ne savent pas ce qu'ils font ! »... mais ai-je envie de leur pardonner ?

RÉCAPITULATION DES ÉVÈNEMENTS ET EXPLICATION DES GRANDES DATES

1760 : PRISE DE QUÉBEC ET CAPITULATION DE MONTRÉAL

Avertis de cette incursion dramatique, depuis Montmorency, Montcalm et ses troupes s'élancent contre l'envahisseur. Le combat est inégal et bien vite les Français doivent battre en retraite. Au cours de la bataille, Wolfe est mortellement touché et ne réalisera pas son rêve de rentrer dans Québec. De son côté, Montcalm, gravement blessé, regagne la ville pour y mourir. Affamée et vaincue, la population demande la capitulation. Aussitôt entrés, les Anglais nourrissent le peuple et font soigner leurs blessés par les religieuses françaises. Vaudreuil, replié sur Montréal, y établit son gouvernement. Depuis Montréal, Lévis refuse la capitulation de Québec et refait ses forces pour reprendre la ville le printemps suivant. Employant les méthodes amérindiennes de combat, il remporte quelques succès mais, parvenues aux portes de

Québec, ses troupes trop affaiblies ne peuvent donner l'assaut. Il ordonne alors le siège de la ville lorsque l'arrivée des renforts anglais sur le Saint-Laurent l'oblige à retraiter. Vaudreuil n'a guère plus de chance à Montréal. À peine 2 400 Français défendent la ville et doivent faire face à 19 000 soldats bien nourris et bien armés. Malgré sa répugnance à une nouvelle capitulation, Vaudreuil doit finalement s'y soumettre afin de protéger ses compatriotes. Ainsi finissent, le 8 septembre 1760, les possessions françaises d'Amérique, découvertes par Jacques Cartier. En 1762, la France préfère céder la Louisiane à l'Espagne avant qu'elle ne tombe sous le pouvoir anglais. Sous la domination française, la Nouvelle-France était divisée en trois gouvernements : celui de Montréal (et environs), celui de Trois-Rivières et celui de Québec. Sous la férule anglaise, Jeffery Amherst, nommé commandant en chef des troupes de l'Amérique du Nord britannique avec résidence à New York, est représenté de 1760 à 1763 par trois gouverneurs : Murray à Québec, Gage à Montréal et Burton à Trois-Rivières.

1763 : LE TRAITÉ DE PARIS MALMÈNE LA FRANCE

L'Angleterre rédige les termes de la capitulation française. Elle permet le libre exercice de la religion catholique au peuple canadien. Les propriétaires terriens, les commerçants, les officiers militaires et de justice conservent leurs biens. Les habitants ont désormais les mêmes droits de commercer que les sujets de Sa Majesté britannique. Au fond de leur cœur, les Canadiens espèrent qu'un nouveau traité de paix entre la France et l'Angleterre vienne une nouvelle fois arranger les choses. Malheureusement, la guerre de Sept Ans se gagne sur le dos de la France et le traité de Paris, signé en 1763, ne la ménage pas. Elle doit céder la Nouvelle-France, l'île Saint-Jean, l'île du Cap-Breton ainsi que les territoires de la vallée du Mississippi. En Amérique du Nord, elle ne garde que les petites îles Saint-Pierre-et-Miquelon, près de Terre-Neuve. La Proclamation royale rattache le Labrador et l'île d'Anticosti à la province de Québec. Elle inaugure le gouvernement civil qui confie les pouvoirs aux ministres du Parlement de Londres et accorde aux Autochtones certains droits à la terre de leurs ancêtres. Malgré tout, les Amérindiens ne sont pas satisfaits du nouveau régime. Dans l'Ouest, l'un de leurs chefs, Pontiac, fomente une insurrection générale des tribus, mais les Iroquois et les Canadiens français refusent de le suivre. Il devra se rendre deux ans plus tard. Privés de leurs chefs politiques, les Canadiens se rassemblent autour de leurs chefs religieux après avoir prêté serment au roi d'Angleterre. Pourtant, l'empreinte française demeure bien vivante en terre d'Amérique où l'on retrouve au Canada et aux États-Unis des noms de villes françaises, témoins d'un passé glorieux. En 1768, Guy Carleton est nommé gouverneur général pour dix ans. En 1774, le gouvernement législatif, sanctionné par le roi, est établi par l'Acte de Québec.

1775 : LES AMÉRICAINS SE RÉVOLTENT

Après la fin de la Nouvelle-France, la population canadienne-française vit désormais sous le régime anglais. Bien traitée, elle accepte dignement de participer à la reconstruction des régions sinistrées. Murray, nommé gouverneur à Québec, veille à ce que les droits des Canadiens soient respectés et de douloureux coups de fouet sont appliqués sur les reins de ceux qui désobéissent. Il apprécie les Canadiens, reconnaît leur courage et leur sens du devoir. Il converse avec eux en français, langue qu'il parle couramment et qu'il applique dans les cours de justice québécoises. Cette bienveillance à l'égard des vaincus irrite rapidement les marchands avides de profits qui dénoncent l'attitude du gouverneur à Londres. Murray doit quitter le Canada, mais avant son départ, il réussit à donner aux Canadiens un nouvel évêque, monseigneur Briand. Ce dernier défendra avec ténacité la religion catholique afin d'éloigner ses paroissiens de la domination spirituelle anglaise. En 1775, lorsque les colonies anglo-américaines attaquent Québec, l'évêque interdit aux siens de grossir les rangs des insurgés et leur ordonne de rester fidèles à l'Angleterre. Carleton, le nouveau gouverneur, apprécie cette attitude mais reste méfiant. La déclaration d'indépendance des Américains provoque une émigration importante des mécontents. Plus de 45 000 de ces loyalistes s'établissent au Canada. Frederick Haldimand est nommé troisième gouverneur en 1778 et le sera jusqu'en 1786. La même année, la signature du traité de Versailles met fin à la guerre d'Indépendance américaine où les Français impliqués prennent leur revanche sur l'Angleterre et le désastreux traité de Paris.

1791 : L'ACTE CONSTITUTIONNEL

Les loyalistes, qui avaient quitté les colonies américaines révoltées pour venir s'installer au Canada, réclament un gouvernement élu par le peuple. En 1791, c'est chose faite avec l'Acte constitutionnel. Le pays est alors divisé en deux provinces : le Haut-Canada (Ontario) de langue anglaise et le Bas-Canada (Québec) de langue majoritairement française. Les élections qui suivent donnent 50 députés au Québec dont seize anglophones mais c'est Jean-Antoine Panet, un francophone bilingue, qui devient orateur de la Chambre. Les débats de l'Assemblée risquant de se faire exclusivement en anglais, le bouillant Louis-Joseph Papineau s'oppose fortement à cette idée. On décide donc de débattre dans les deux langues. Dans les rues de Québec, on lit les articles du nouveau journal, *Le Canadien*, que le gouverneur juge dangereux pour la tranquillité de la province. Faisant d'une pierre deux coups, il chasse de l'Assemblée l'un des propriétaires, Panet lui-même. Pour sa part, Papineau conserve son emprise sur les décisions gouvernementales. Il n'accepte jamais les injustices ou les actes arbitraires. Ses paroles entretiennent chez les Canadiens français la flamme patriotique de leurs ancêtres. Vingt et un ans plus tard, il sera encore présent pour refouler les insurgés américains qui menaceront le Canada. Un autre député francophone, Pierre-Stanilas Bédard, s'attirera les colères du gouverneur qui le fera jeter en prison. Il n'y a rien de facile pour les représentants francophones. En 1796, Robert Prescott devient le cinquième gouverneur.

En 1802 naît Joseph Montferrand. Ce colosse de près de deux mètres sera considéré comme un héros par les Canadiens de l'époque.

1807 : LES PATRIOTES DÉFENDENT LEURS DROITS

James Henry Craig, le nouveau gouverneur, vient troubler la quiétude des Québécois. Militaire de carrière, il a pris l'habitude de se faire obéir et il entend bien obtenir le même résultat avec les Canadiens. Les députés francophones, moins riches que les députés anglophones, n'assistent presque plus aux réunions de la Chambre, car leurs déplacements coûtent trop cher. En conséquence, petit à petit, la majorité francophone devient minoritaire. Craig, désireux de plaire au roi d'Angleterre, décide de restreindre les libertés des Canadiens français. À Québec, les Britanniques trouvent anormal et offensant de permettre aux Canadiens vaincus de jouir de leur langue, de leur religion et de leurs lois. Pour ces raisons, ils soutiennent le gouverneur. Encouragé par ces mécontents, Craig envisage des mesures sévères contre les députés francophones et leurs électeurs. Avertie, la cour d'Angleterre condamne l'attitude de Craig et lui ordonne de suivre la volonté du peuple, donc de respecter les volontés de la Chambre. Dépité, le gouverneur digère mal cet échec et pour se venger, il accuse les députés francophones Pierre-Stanislas Bédard, François Blanchet et Jean-Thomas Taschereau de haute trahison et les fait emprisonner. Craig s'acharne ensuite sur le journal *Le Canadien* si cher aux patriotes et fait enfermer l'imprimeur. La réaction de Londres ne se fait pas attendre. Le gouverneur doit relâcher ses prisonniers et il quitte le Canada sous les acclamations de ses amis et les huées des Canadiens. Son remplaçant, lord Gosford, aura fort à faire pour rétablir le calme et la bonne foi des représentants de l'Empire britannique.

1812-1814 : LES AMÉRICAINS ENVAHISSENT LE CANADA

En 1812-1814, la deuxième invasion américaine est causée par la rivalité commerciale, le sentiment anti-britannique des Américains et le désir de leur ravir le Canada. En représailles, Londres envoie une flotte aux États-Unis et les soldats incendient les édifices publics de Washington. Le conflit se termine à la signature du traité de Gand le 24 décembre 1814 qui laisse le pays comme il était auparavant. Le Canada se relève lentement. On entreprend de grands travaux. En 1821, on achève le canal Lachine que les Français avaient commencé en 1770. En 1825, les provinces du Canada choisissent le dollar et le cent comme monnaie. La première route reliant Montréal à Kingston et, un peu plus tard Toronto, est ouverte en 1826. C'est en 1829 que le canal Welland permet aux bateaux à vapeur de passer du lac Érié au lac Ontario afin de contourner les chutes du Niagara. En 1832, le canal Rideau à Ottawa est achevé. Il relie la rivière des Outaouais à Kingston. Quatre ans plus tard, le premier chemin de fer canadien relie Saint-Jean-sur-Richelieu à La Prairie. De 1832 à 1854, des épidémies de choléra asiatique en provenance de Québec ou de New York s'étendent aux villes de l'Ontario en faisant des milliers de morts. En 1834, Ludger Duvernay fonde la Société Saint-Jean-Baptiste qui adopte la feuille d'érable comme emblème national.

En 1834, Louis-Joseph Papineau veut réduire les votes anglophones en supprimant le droit de vote des femmes.

1837 : LA COLÈRE GRONDE DANS LES PROVINCES

Le Bas-Canada s'accroît rapidement. À Montréal, le clergé reçoit un premier évêque et de nombreuses communautés religieuses s'établissent à travers tout le Canada. L'Université Laval ouvre ses portes à Québec et permet aux francophones de poursuivre leurs études dans leur langue. Dès le 14 mai de la même année, Papineau fait appel à la lutte constitutionnelle au Parlement. En 1848, le siège du Parlement dévasté par un incendie est transféré de Montréal à Toronto. Monseigneur Bourget, deuxième évêque de Montréal, réclame des écoles confessionnelles. Des congrégations religieuses s'installent rapidement et fondent de nouvelles écoles, de nouveaux hôpitaux, hospices, orphelinats, couvents et l'asile de Saint-Jean-de-Dieu. Personne ne s'oppose à tant de bonne volonté, surtout à si bon prix ! Mais le gouverneur a d'autres préoccupations. Il doit mater une rébellion armée des réformistes du Haut-Canada organisée par William Lyon Mackenzie. Vaincu, Mackenzie doit se réfugier aux États-Unis alors que 20 de ses hommes sont arrêtés, jugés et exécutés. De leur côté, les patriotes subissent la défaite et douze d'entre eux sont pendus. L'un de leurs chefs, le médecin Jean-Olivier Chénier, trouve la mort durant l'insurrection de Saint-Eustache. Afin d'enquêter sur les raisons de cette rébellion, l'Angleterre envoie un nouveau gouverneur, lord Durham. Après s'être débarrassé des chefs rebelles, il présente un rapport sur la situation politique et sociale de la colonie : le rapport Durham. Il y privilégie l'assimilation pure et simple des francophones et l'union du Haut et du Bas-Canada. Se sentant visé par ces mesures, le clergé incite ses paroissiens à s'y opposer. Pour tenter de faire échec aux prétentions du gouverneur, les réformistes du Bas-Canada, avec à leur tête Louis-Hippolyte La Fontaine, s'associent aux réformistes du Haut-Canada de Robert Baldwin. Lord Durham aura le dernier mot. L'Acte d'Union entrera en vigueur en février 1841. En 1843, le canal de Chambly est ouvert à la navigation. Il sera suivi, deux ans plus tard, par le canal de Beauharnois.

En 1837, l'image du patriote est affichée un peu partout. Elle sera réutilisée lors des évènements d'octobre 1970.

1847 : ARRIVÉE MASSIVE DES IMMIGRANTS IRLANDAIS

Cette année-là, la famine règne en Irlande. Une vague d'immigrants irlandais déferle au Canada. Atteints du typhus, plus de 18 000 d'entre eux mourront lors du transport, après leur débarquement, ou des suites de leur maladie. Les survivants sont hébergés à Grosse-Île près de Montmagny pour y subir la quarantaine. Malgré ça, la contagion se répand et de nombreux bénévoles y laisseront leur vie. Trois ans plus tard, l'immigration irlandaise s'intensifie et se prolongera jusqu'en 1900. La plupart s'établissent au Nouveau-Brunswick, en Ontario et dans les Cantons-de-l'Est où ils jouent un rôle social considérable.

En juillet 1852, un incendie majeur détruit une grande partie de Montréal et les sans-abri se comptent par milliers. Monseigneur Bourget et les congrégations religieuses leur viennent en aide. Devant les difficultés économiques, de nombreux Canadiens français s'expatrient vers les États-Unis afin de fuir la pauvreté et la médiocrité. Inquiétées par cet exode, les instances religieuses et gouvernementales réagissent rapidement. Le gouvernement facilite l'installation de fermes sur des terres plus riches et plus prometteuses. Bientôt, de nouvelles routes et le chemin de fer (Montréal-Toronto) facilitent les déménagements des nouveaux colons. Ainsi, les Cantons-de-l'Est, le Saguenay-Lac-Saint-Jean, la Mauricie, les Laurentides, l'Outaouais et le Témiscamingue (ancienne propriété de la Compagnie de la Baie d'Hudson) se peuplent et se développent. En

1858, le Nouveau-Brunswick subit l'invasion des fenians, un groupe d'Irlandais américains qui prônent l'indépendance de l'Irlande. La même année, Frederick Gisborne installe la première ligne télégraphique sous-marine en Amérique du Nord. En 1860, on inaugure le pont Victoria qu'empruntera la ligne Sarnia–Rivière-du-Loup. C'est à cette époque que le fameux curé Labelle de Saint-Jérôme accueille de plus en plus de colons dans les régions du Nord. Lorsque le ministère de l'Agriculture sera créé en 1887, il en deviendra sous-ministre peu de temps après et obtiendra de plus grandes facilités pour ses nouveaux paroissiens.

1864 : CONFÉRENCE DE CHARLOTTETOWN ET DE QUÉBEC

En 1852, George-Étienne Cartier, alors président de la Société Saint-Jean-Baptiste, croyait dur comme fer à la survivance des Canadiens français par la possession du sol et encourageait ces derniers à s'approprier leurs coins de pays. Quand arrive le projet d'unir toutes les colonies sous un régime fédératif, il finit par y participer activement. Lui et tous ceux qui siègent aux conférences de Charlottetown et de Québec de 1864 sont appelés les « Pères de la Confédération. Ils ont à définir les futures lois du Canada qu'on appelle Constitution. Après de longues discussions, John A. Macdonald, député du Haut-Canada, propose aux membres un vote sur le projet de Confédération. On approuve à 91 voix contre 33, mais l'Île-du-Prince-Édouard et Terre-Neuve refusent leur adhésion. La première signera en 1873 et la deuxième en 1949. Fiers de cette réussite, les ministres présentent leur grand projet à Londres qui l'accepte définitivement en

1866 sous l'appellation de l'Acte de l'Amérique du Nord britannique. Le Canada-Uni devient un dominion, c'est-à-dire un État dépendant de la Couronne britannique et compte désormais quatre provinces : Québec, Ontario, Nouveau-Brunswick et Nouvelle-Écosse. Il prend enfin le nom de Canada avec la devise « D'un océan à l'autre ». Il n'est cependant pas indépendant, loin s'en faut. Il conserve certaines attaches britanniques comme le drapeau anglais, l'Union Jack. Désormais, la reine d'Angleterre est représentée au pays par un gouverneur général, nommé par elle. Il est chargé de nommer un lieutenant-gouverneur dans chaque province. La Loi constitutionnelle de 1867 donne une autonomie complète au peuple canadien sur ses affaires intérieures et à Ottawa la charge des affaires amérindiennes. Cependant, le Québec a des responsabilités et des attributions concernant la sécurité publique, l'éducation, la santé, les services sociaux et le logement à l'endroit des autochtones. Ceci crée plusieurs chevauchements coûteux et de nombreux tiraillements.

1870 : LES TERRITOIRES DU NORD-OUEST

Après avoir réglé les problèmes administratifs du pays, le gouvernement canadien et son premier ministre, John A. Macdonald, s'empressent d'acheter les Territoires du Nord-Ouest canadien. Et c'est ainsi qu'en 1870, une nouvelle province bilingue, le Manitoba, vient s'ajouter aux autres. En 1871, la Colombie-Britannique voit le jour grâce au chemin de fer qui traverse maintenant le pays d'un océan à l'autre. C'est d'ailleurs le développement des plaines fertiles de l'Ouest qui amènera un peu plus tard la création de deux autres provinces : la Saskatchewan et l'Alberta. En 1870, le Collège des Sulpiciens de Montréal ouvre ses portes. Deux ans après, on publiera le fameux *Daily Graphic* qui sera le plus beau quotidien du monde… disait-on ! En 1871, le traité de Réciprocité vient régler les droits de pêche et de navigation entre le Canada et les États-Unis. En 1876, Alexander Mackenzie fonde le Collège militaire royal de Kingston en Ontario. En 1878, les premières facultés de l'Université Laval et de Montréal sont ouvertes aux élèves et Laurent-Olivier David fonde le journal *La Tribune* de Sherbrooke. En 1884, fondation du journal *La Presse* à Montréal.

1885 : ON S'AGITE UN PEU PARTOUT

L'arrivée sur la scène politique de nouveaux partis sème la discorde. Au Québec, les libéraux font la vie dure aux conservateurs et, en même temps, au clergé très attaché à ces derniers. Sir Wilfrid Laurier, chef libéral, est alors accusé d'hérésie et de conspiration contre l'Église. Dans les autres provinces, le torchon brûle et le gouvernement central se voit contraint de trancher certaines revendications devant les tribunaux. Au Manitoba, les Métis de l'endroit, ayant à leur tête le légendaire Louis Riel, se révoltent lorsque le gouvernement central s'empare de leurs terres.

Aidé des siens, l'intrépide Métis forme son propre gouvernement au fort Garry (aujourd'hui Winnipeg), mais à la création de la province du Manitoba, ses adversaires l'obligent à s'expatrier aux États-Unis. En 1885, de nouvelles pressions gouvernementales contre les Métis de l'Ouest le rappellent et il se place à nouveau à la tête des insurgés. Rapidement, les troupes fédérales mettent fin à la révolte et Riel est emprisonné. Accusé de trahison, il est jugé, reconnu coupable et pendu. En conséquence, la tension entre francophones et anglophones s'accentue. Comme l'a écrit Merci, député libéral de Saint-Hyacinthe : « Cette mort, qui a été un crime chez nos ennemis, va devenir un signe de ralliement et un instrument de salut pour nous. » Au Québec, cette « sale affaire », comme certains l'appellent, fait ressurgir les mouvements nationalistes. Certains en profitent pour manifester leur indignation face aux mesures gouvernementales manitobaines visant à supprimer l'aide aux écoles francophones.

1887 : PREMIÈRE DÉFAITE DES CONSERVATEURS QUÉBÉCOIS

L'industrialisation grandissante du pays fait oublier momentanément les problèmes politiques et force à s'occuper désormais de ceux qui continuent d'écraser les ouvriers. Une commission royale d'enquête dévoile les difficultés vécues par certains employés, particulièrement les enfants. Des sociétés ouvrières ou des syndicats voient le jour et permettent de régler à l'amiable la plupart des disputes entre patrons et employés. Pour sa part, le gouvernement du Manitoba reprend sa lutte politique contre les francophones. Ces derniers se tournent vers Ottawa qui tente vainement de faire respecter leurs droits. Au Québec, la pendaison de Louis Riel a profondément divisé les Canadiens français. Honoré Mercier, devenu chef du Parti libéral, profite de la grogne populaire pour fonder le Parti national. Il prend le pouvoir en 1887, écrasant pour la première fois les conservateurs. Plus tard, accusé de corruption, le Parti national cède à nouveau le pouvoir aux conservateurs. Le 17 septembre 1889, la citadelle de Québec s'écroule et fait 45 morts. Un an après, deux incendies à l'asile d'aliénés de Saint-Jean-de-Dieu font 70 victimes. En 1892, le Canada et les États-Unis signent un traité légiférant la chasse aux phoques dans la mer de Béring. La même année, le tramway circule dans les rues de Montréal. En 1896, le canal Sault-Sainte-Marie relie le lac Supérieur avec le lac Huron et sera appelé à devenir l'un des plus importants au Canada. En février 1896, Alexander Graham Bell met au point le système de transmission de la voix sur un fil qui donnera naissance au téléphone. En 1897, l'or du Klondike attire plus de 30 000 aventuriers venus de partout. Le canal Soulanges sur le Saint-Laurent est achevé en 1899.

1900 : INGÉRENCE ARMÉE DU CANADA

L'Angleterre aux prises avec une guerre sud-africaine reçoit l'aide inespérée des volontaires canadiens recrutés par le gouvernement fédéral sans l'accord des députés. Cette maladresse irrite Henri Bourassa alors député de Labelle et fondateur du journal *Le Devoir* de Montréal. Pour montrer leur désapprobation à l'effort de guerre canadien, certains de ses administrateurs fondent la Ligue nationaliste canadienne qui favorise la controversée politique du « Canada d'abord ». Un autre journal tout aussi controversé, *Le Nationaliste*, fait son apparition. Ce média jouera un grand rôle dans la vie des Québécois. On y prône une plus grande indépendance du Canada face à l'Angleterre, le respect de l'autonomie des provinces et l'adoption d'une politique de développement économique et intellectuel exclusivement canadienne. La même année, une confrontation à la Chambre des communes sur les taux usuraires décide Alphonse Desjardins à fonder la première Caisse populaire à Lévis. En 1911, l'École des hautes études commerciales (HEC) ouvre à Montréal, et à Québec un an plus tard.

1914-1918 : PREMIÈRE GUERRE MONDIALE

Malgré les différentes pressions et la colère populaire, le gouvernement de Wilfrid Laurier, alors premier ministre du Canada, ne peut se désintéresser du sort de l'Angleterre menacée par l'Allemagne. Bien que résolument adversaire de l'ingérence politique de la Grande-Bretagne, il ne peut ignorer les devoirs de son pays envers l'Empire britannique. Il se refuse à toutes contributions financières, mais propose de créer une marine canadienne. La plupart des Canadiens français s'opposent à cette idée et pour marquer leur mécontentement, ils font échec à la réélection de Wilfrid Laurier en 1911. En 1914, lorsque l'Europe entre en guerre, le gouvernement canadien ordonne aussitôt la levée d'une armée de volontaires et adopte la Loi des mesures de guerre. C'est la fameuse conscription. On rappelle aux francophones leurs origines françaises pour les convaincre de rejoindre les rangs. Ainsi, s'ils ne veulent pas se battre pour l'Angleterre, peut-être le feront-ils pour la France ! Malgré tout, les Québécois restent hostiles à l'enrôlement obligatoire. Pour éponger le coût astronomique des opérations militaires, le gouvernement lève pour la première fois un impôt fédéral sur le revenu et emprunte de l'argent aux citoyens sous forme de « bons de la victoire ». Durant cette guerre, les soldats canadiens se couvrent de gloire et remportent en France la célèbre victoire de Vimy en 1917. Leur bravoure attire le respect et la reconnaissance des grandes puissances européennes. Désormais, l'Angleterre invitera le Canada à faire partie d'un conseil spécial de guerre. En attendant, on lui offre de participer aux débats entourant le traité de Versailles qui met fin au conflit mondial. En 1918, la grippe espagnole frappe le Labrador et fait de nombreuses victimes. En octobre 1922, la station radiophonique *CKAC* voit officiellement le jour sous l'égide de MM. Douglas Fairbanks et Jacques N. Cartier. En 1918, les suffrages se mobilisent et obtiennent le droit de vote fédéral pour toutes les femmes.

1931 : LE STATUT DE WESTMINSTER

Bien avant la guerre, le développement industriel et économique du Canada avait fait des bonds prodigieux. Juste avant le conflit mondial, cet essor s'était ralenti, mais les énormes besoins de guerre avaient vite inversé cette tendance. Transformé en usine d'armement et de ravitaillements, le Canada a appris à diversifier et à développer sa productivité. Un goût d'indépendance prend de l'ampleur ! Après la guerre, il continue son ascension économique. Fier de ses performances, il signe un traité avec les États-Unis sur la pêche au flétan en oubliant d'en faire part à l'Angleterre. Cet incident exigeant une mise au point, le rapport Balfour sera amené à faire la lumière sur l'attitude à tenir dans les relations futures avec l'Empire britannique. C'est dans une autonomie plus large des dominions qu'on tente de trouver la meilleure solution. Finalement, le Parlement anglais adopte en 1931 le Statut de Westminster qui accorde au Canada sa pleine autonomie. Cette entente reçoit la bénédiction de la plupart des Canadiens, à commencer par les Québécois qui la considèrent comme la loi par excellence du pays, capable de les entraîner vers le progrès, la liberté et la reconnaissance internationale. Pourtant, certains impérialistes et colonialistes pensent que cette mesure conduira inévitablement le pays vers le séparatisme.

En 1934 naissent les cinq petites jumelles Dionne au sein d'une famille canadienne-française de la ville de Callander en Ontario.

LES ANNÉES 1930 : LA GRANDE CRISE

Après un regain de croissance économique dans les premières années du XXe siècle, le grand rêve vire au cauchemar lorsque la Bourse de New York à la baisse fait face aux spéculateurs méfiants. Le mouvement de panique est suivi à travers le monde entier et le Québec n'y échappe pas. En perdant leurs économies et en cessant de consommer, les citoyens freinent dangereusement la machine économique. Cette récession enfante bientôt la dépression, monstre économique encore plus redoutable. Le chômage frappe toutes les couches de la société et la misère s'abat sur les citadins. À la campagne, les fermiers s'en tirent plus facilement, car lorsque les ventres sont pleins, le reste peut attendre. Le monde tente d'expliquer les causes de cette crise et en attribue la responsabilité au capitalisme jugé trop libéral et abusif. Les pays d'Europe se tournent alors vers de nouvelles formes idéologiques. En Italie et en Allemagne, on penche pour le fascisme alors que d'autres se tournent vers le corporatisme, le socialisme ou le communisme. Au Canada, le peuple rechigne aussi contre le grand Capital qui n'enrichit qu'une partie de la société au détriment de l'autre, mais les choix sont plus variés. Si certains préfèrent le coopératisme, d'autres optent pour le socialisme, et le Parti communiste lui-même trouve de nouveaux adeptes. Au Québec, un petit sursaut de nationalisme est encouragé par le clergé qui fait une chaude lutte aux partis de gauche. Cette situation difficile ravive les rancœurs entre les francophones et les anglophones. Au Québec, Édouard Montpetit, un économiste de talent, et fondateur des HEC, est chargé de faire la lumière sur les difficultés des travailleurs. Il demande plus de postes de direction pour les Canadiens français. Ces derniers n'étaient jusqu'à présent que des instruments de travail. Il veut améliorer le sort des travailleurs et des travailleuses et fait différentes propositions en ce sens (assurance-chômage, allocations familiales et assurance-maladie). À Ottawa, Richard B. Bennett et les conservateurs sont élus et tentent de redresser l'économie. Ils seront défaits aux élections de 1935.

1939 : DÉBUT DE LA SECONDE GUERRE MONDIALE

Le nazisme de l'Allemagne hitlérienne fait exploser l'Europe. Après l'occupation de la Tchécoslovaquie par les armées allemandes, le premier ministre du Canada, Mackenzie King, définit le rôle du pays dans ce nouveau conflit. Il est rapidement partagé entre les besoins de ses concitoyens et la responsabilité d'aider à la survie de l'Europe. Il comprend également que, malgré les années, la plupart des Canadiens ont encore leurs racines européennes bien plantées au fond du cœur. Une déclaration officielle de neutralité dans le conflit lui apparaît impossible et il recommande une politique d'intervention armée.

Ainsi, le 10 septembre 1939, le Canada déclare la guerre à l'Allemagne. Au Québec, le gouvernement de Maurice Duplessis déclenche des élections afin que les Québécois puissent donner leur avis sur la question. Son parti ne cache pas son opposition à la décision fédérale de ratifier une fois encore la « Loi des mesures de guerre ». Il préconise l'autonomie provinciale en la matière et refuse toute collaboration financière ruineuse de la province. La campagne électorale est très animée. Les libéraux, par la voix de leur chef Joseph-Adélard Godbout, promettent de s'opposer à la conscription et proposent le droit de vote aux femmes. Maurice Duplessis, pour sa part, refuse lui aussi la conscription et demande que les ressources de la province restent à la province ! Mais les députés libéraux s'allient à leurs vis-à-vis provinciaux et luttent en faveur de la participation à la guerre en proposant le service militaire volontaire. Finalement, le vote québécois donne raison à Mackenzie King avec 67 sièges libéraux sur 85. Il déclare : « *C'est une victoire pour la population de la province de Québec sur tous ceux qui favorisent une politique isolationniste.* » Désormais, toutes les nations du Commonwealth britannique se sentent solidaires et acceptent de combattre aux côtés de l'ancienne métropole. Pour sa part, le Canada déploiera ses armées sur terre, sur mer et dans les airs aux côtés des forces anglaises. L'aviation britannique envoie des instructeurs qui formeront plus de 130 000 pilotes canadiens.

LES BESOINS MONÉTAIRES ET LA CENTRALISATION

La crise économique d'avant-guerre avait signifié un changement important d'ordre politique et l'on reconnaissait la souveraineté des provinces dans bon nombre de domaines. Cette grande liberté d'action diminue énormément le pouvoir fédéral et cela inquiète les partisans d'un gouvernement central fort et puissant. Pour regagner un peu du terrain perdu, les représentants fédéraux créent la Banque du Canada en 1935 afin de contrôler les activités financières du pays et fondent presque au même moment la Société Radio-Canada pour surveiller l'information radiophonique. Désirant combattre les difficultés économiques et assurer les mises de fonds destinées aux préparatifs de guerre, les autorités fédérales s'approprient les impôts directs des provinces et les remplacent par une somme annuelle forfaitaire. En 1940, les libéraux sont élus à Ottawa avec Mackenzie King à leur tête. On vote la Loi du salaire minimum et l'on procède à l'instauration de l'assurance-chômage. Le droit de vote est accordé aux femmes. Cette même année, on assiste à l'ouverture de l'aéroport de Dorval au Québec alors qu'éclate la grève de l'aluminium à Arvida. En 1942, le Conservatoire de musique et d'art dramatique du Québec est fondé. Deux ans plus tard, c'est au tour d'Hydro-Québec. Aux élections provinciales, Maurice Duplessis de l'Union nationale remporte la victoire. À Ottawa, on vote la Loi des allocations familiales.

Contrairement aux prévisions financières pessimistes de M. Duplessis, la guerre apporte la prospérité économique au pays. Les contrats alimentent l'industrie et le commerce en faisant oublier les terribles années de dépression. Avec le temps, certains s'inquiètent déjà des lendemains de guerre. Vont-ils garder leur gagne-pain ? Pour calmer leurs appréhensions, le gouvernement fédéral qui avait institué un régime de pensions de vieillesse en 1927 adopte enfin un système d'allocations familiales en 1944. En 1945 les libéraux de Mackenzie King sont réélus. La même année, le Québec vote à son tour sa propre Loi sur les allocations familiales.

Dès 1945, la société québécoise est en pleine mutation. Elle renonce aux valeurs traditionnelles pour s'ouvrir à l'américanisation individualiste.

1945 : LES DURS COMBATS DES SOLDATS CANADIENS

Sur le sol européen, les soldats sont rassurés par les dernières mesures fédérales. Leur retour au pays leur semble moins sombre mais en attendant, ils doivent survivre. Lorsque les combats font rage sur les côtes de l'Europe, les commandos canadiens subissent de lourdes pertes. Afin de sonder l'efficacité de la défense allemande sur les côtes du nord-ouest de la France (à Dieppe), 5 000 d'entre eux s'y battront, y trouveront la mort ou seront faits prisonniers. L'infanterie se distingue à Hong Kong alors que d'autres participent à la libération du sud de l'Italie sous la protection des fameux tanks américains débarqués en Sicile. Le 6 juin 1944, le débarquement allié entraîne les forces canadiennes sur les côtes normandes avec pour objectif principal la libération de Caen. Cette ville tombe finalement après un mois de combats héroïques.

Ailleurs, la première armée canadienne qui participe à la prise de Rouen continue vers le nord en libérant tour à tour Amiens, Arras, Bruxelles et Anvers. En mai 1945, la même armée se joint aux armées française, américaine et britannique pour franchir le Rhin. Bientôt l'Allemagne est déclarée vaincue lorsque les troupes américaines et russes se rejoignent sur l'Elbe, fleuve situé non loin de Berlin. Par leur courage et leur respect envers les populations libérées, les soldats canadiens s'attireront après la guerre l'admiration de l'Europe tout entière.

1946 : MESURES D'APRÈS-GUERRE

La guerre terminée, le gouvernement fédéral entend conserver l'avantage des impôts directs en continuant de verser une subvention annuelle aux provinces. La mise au point de nouvelles mesures sociales, le développement et la modernisation du pays, l'expansion du commerce extérieur justifiant à ses yeux l'application de cette politique de taxation unique. Les provinces ne s'entendent pas sur la question et Ottawa négocie des accords séparés avec chacune d'elles. Finalement, toutes les provinces, excepté le Québec et l'Ontario, acceptent la proposition fédérale pour cinq ans. Maurice Duplessis, réélu premier ministre du Québec, voit cette collaboration avec beaucoup de méfiance, car il considère la mesure fédérale comme une traîtrise et une tentative abusive de centralisation. En 1946-1947 éclatent des grèves dans les filatures à Montréal et à Valleyfield ; d'autres suivront dans le textile à Louiseville et à Lachute. Le mouvement syndical québécois sortira renforcé de ces conflits et deviendra une force de changement au sein de la société québécoise. En 1947, le gouvernement fédéral sanctionne la Loi sur la citoyenneté canadienne.

C'est en janvier 1948 que flotte pour la première fois le drapeau fleurdelisé sur la hampe du Parlement de Québec.

1948 : LE DRAPEAU FLEURDELISÉ DEVIENT L'EMBLÈME DU QUÉBEC.

Depuis plus d'un siècle, le Canada est devenu un pays anglophone et la population canadienne-française une minorité. Sa voix se fait de plus en plus difficilement entendre, car l'immigration se tourne plus facilement du côté anglophone. De plus, les Canadiens français émigrent toujours aux États-Unis, affaiblissant encore la francophonie au pays. Le premier ministre du Canada veut intensifier l'immigration, car le peuplement du pays est trop lent. Si le choix des immigrants pose de nombreuses questions, Mackenzie King met fin aux appréhensions en affirmant que les futurs citoyens seront choisis avec soin car, dit-il : « Aucun étranger ne possède le droit fondamental de l'homme de devenir Canadien…c'est une faveur…d'ailleurs, l'ensemble de la population du Canada ne désire pas qu'une immigration massive vienne modifier de façon fondamentale le caractère ethnique du pays. »

Au Québec, l'Union nationale remporte les élections de 1948 et donne le drapeau fleurdelisé à la province. Entre 1946 et 1960, plus de 2 000 000 d'immigrants entrent au Canada. De ce nombre, la plupart sont issus des îles britanniques. Au Québec, le régime Duplessis demeure attaché aux traditions et ne favorise guère l'intégration des nouveaux immigrants portés vers l'anglais. Au gouvernement fédéral, Louis Stephen St-Laurent, natif des Cantons-de-l'Est, remplace King comme premier ministre.

1949 : GRÈVE DANS LES MINES D'AMIANTE

Victoire des libéraux à Ottawa (Saint-Laurent, premier ministre) aux élections de 1949. Le début de la seconde moitié du XXe siècle indique le commencement de profonds changements sociaux dus au développement industriel et à l'exploitation des ressources naturelles. Voué jadis au travail de la terre, le peuple québécois change d'orientation. Les ouvriers prennent désormais conscience de leur force et grâce au syndicalisme imposent leurs droits et leurs exigences. Les luttes des chefs syndicaux de l'époque aboutissent à des grèves de plus en plus nombreuses et de plus en plus longues. Celle des mines d'amiante d'Asbestos de 1949 dure plus de quatre mois et provoque les premiers actes de violence dans le monde ouvrier. La population et le clergé soutiennent les grévistes contre ceux qui se prétendent les défenseurs de l'ordre public. La grève se termine après l'arrestation de presque 200 personnes et les ouvriers n'obtiennent pas la protection demandée pour lutter contre l'amiantose et la silicose qui les frappent mortellement de plus en plus. C'est à cette époque que les dénommés Pierre Eliott Trudeau et Michel Chartrand se font connaître… Cette même année marque l'entrée de Terre-Neuve dans la Confédération.

En 1949, pour mettre fin à la grève dans les mines d'amiante, Maurice Duplessis n'hésitera pas à utiliser « sa » force policière.

1950 : LES CONFLITS CONSTITUTIONNELS

Sur le plan national, certaines provinces réclament toujours de plus en plus d'autonomie et l'on veut apporter quelques petites retouches à cette fameuse constitution. La population majeure et responsable trouve humiliant de devoir demander l'avis de la Grande-Bretagne sur ses décisions constitutionnelles. Pour mettre un terme aux revendications de tout un chacun, le gouvernement fédéral de Louis Saint-Laurent tranche la question en se donnant le droit de modifier tout seul la Constitution du Canada. Ce coup de force ne passe pas inaperçu. La Cour suprême nie les prétentions fédérales au grand désappointement des centralistes qui doivent mettre de côté les réformes constitutionnelles pour un bon bout de temps. En 1950, les accords financiers d'après-guerre arrivent à échéance. Contre toute attente, le gouvernement fédéral décide de conserver les impôts sur le revenu des particuliers et les profits des compagnies. Après de longues discussions interprovinciales, toutes les provinces (sauf le Québec et l'Ontario) donnent une nouvelle fois à Ottawa le droit de percevoir un impôt spécial afin d'élargir les avantages sociaux et particulièrement l'assurance-vieillesse. Une fois de plus, Maurice Duplessis s'oppose à ces petits changements constitutionnels qui, d'après lui, ne sont que des rapiéçages inefficaces. Il défend toujours l'instauration d'une Constitution entièrement nouvelle, basée sur les besoins et les devoirs des différents gouvernements. Georges-Émile Lapalme remplace Joseph-Adélard Godbout comme chef du Parti libéral provincial. En 1951, on fonde le Théâtre du Nouveau-Monde à Montréal. En 1952, une centrale hydroélectrique est construite à Manicouagan. Six ans plus tard naîtra Manic-5, symbole d'identité et de fierté québécoise. C'est aussi le début de la télévision canadienne et la réélection de l'Union nationale à Québec.

1953 : LA COMMISSION TREMBLAY

Aux élections fédérales de 1953, les libéraux de Saint-Laurent sont réélus à Ottawa. La même année, au Québec, le gouvernement cède aux différentes pressions qui réclament une enquête sur les relations fédérales-provinciales. Ainsi commence le travail de la Commission Tremblay chargée de se pencher sur les problèmes constitutionnels. Ce véritable examen de conscience touche toute la population québécoise. Bien vite, la profondeur des réflexions sur l'autonomie de la province en fait un véritable référendum ! Duplessis, profondément surpris par la réaction de la population, juge le programme trop ambitieux et le met de côté, en évitant par la suite de l'intégrer à sa politique. Malgré tout, l'enquête Tremblay a mis en lumière les difficultés financières du système éducatif. Manquant d'argent, les enseignements scolaire et technique québécois ont pris du retard. Bien vite, le développement extraordinaire de l'URSS et ses premiers succès scientifiques feront réaliser aux Occidentaux et aux Nord-Américains la nécessité d'investir dans la formation des générations futures. En 1958, cette réflexion sera l'objet d'une conférence canadienne à Ottawa. En même temps, une « conférence provinciale sur l'éducation » se tiendra à l'Université de Montréal et s'étirera sur trois ans.

1954 : LE QUÉBEC VOTE SON IMPÔT SUR LE REVENU

À cette époque, le gouvernement central s'inquiète de la vie culturelle canadienne. L'influence américaine se faisant de plus en plus sentir, on veut développer un canadianisme authentique qui respecterait les deux grandes cultures du pays. Ottawa vote une somme importante pour les universités, un octroi à la Société Radio-Canada et des assistances diverses dans les domaines de la radio, du cinéma, des musées, des bibliothèques, des instituts de recherche, etc. Certaines provinces s'offusquent de ce qu'elles considèrent comme une nouvelle ingérence dans un domaine qui leur est réservé. Au Québec, cette démarche déplaît à Maurice Duplessis, défenseur de l'autonomie provinciale et gardien vigilant du fédéralisme canadien tel qu'il a été conçu par les « Pères de la Confédération ». Ayant refusé une nouvelle fois de se joindre aux autres provinces pour signer l'entente fiscale avec Ottawa et après avoir rejeté les subventions de cette dernière à ses universités, il doit augmenter le taux d'imposition. Surprise ! Il est appuyé par P. E. Trudeau de *Cité libre*. En 1947, il avait déjà imposé les profits des compagnies, mais les nouveaux besoins de la province l'obligent à trouver de nouvelles sources de revenus.

En 1954, il dépose un projet de loi établissant un impôt sur le revenu des particuliers. Bien que menacés par une double imposition, les Québécois ne s'opposent pas à cette mesure comme l'avait espéré le gouvernement central. Ils préfèrent demander une baisse d'impôt fédéral égale au montant exigé par leur province. La politique autonomiste de Duplessis sort gagnante. S'engage alors un bras de fer entre Québec et Ottawa. Finalement, une entente intervient permettant aux Québécois de ne pas trop alourdir le fardeau fiscal. L'impôt fédéral baisse de 10 % et l'impôt provincial s'ajuste en conséquence. En mars 1955 éclate une émeute au Forum de Montréal à la suite de la suspension du célèbre joueur de hockey Maurice Richard.

1956 : LE CANADA S'OPPOSE À LA GRANDE-BRETAGNE

Depuis la Seconde Guerre mondiale, la position canadienne en matière d'intervention militaire n'a pas changé. Les Anglo-Canadiens s'alignent toujours sur les décisions de la Grande-Bretagne alors que la communauté canadienne-française aspire à la neutralité. Le canada, membre de l'ONU, a une tâche souvent délicate, car il doit soutenir les pays qui n'y sont pas inscrits, sans mécontenter son puissant voisin américain. En 1949, pour faire connaître ouvertement son attachement à l'Europe et plus précisément à l'Angleterre, il propose la nouvelle alliance de l'OTAN qui regroupe 15 pays de l'Amérique du Nord et de l'Europe dans un programme visant à assurer en commun la défense de leurs territoires. Le Canada fait également partie du NORAD qui assure la défense aérienne de l'Amérique du Nord. Lors de la guerre de Corée, il prend part au conflit sous la bannière de l'ONU. La vague anticommuniste qui balaie le Canada à cette époque favorise l'acceptation des électeurs dans ce sens. Mais lorsque l'Angleterre et la France attaquent l'Égypte en 1956 afin de mettre la main sur le canal de Suez, le Canada refuse son concours. Au contraire, avec l'accord des Américains, Lester B. Pearson se place une autre fois sous la bannière de l'ONU pour ordonner le cessez-le-feu. Un an plus tard, cela lui vaudra le prix Nobel de la paix. Les Canadiens français sont alors persuadés que cette décision vient couper les derniers liens entre le Canada et l'Angleterre... et certains parlent déjà de l'indépendance ! Cette année-là marque une fois encore la victoire de l'Union nationale à Québec. À Montréal, Paul Buissonneau fonde le théâtre de Quat'Sous. Au milieu des années 1950, les riches gisements de minerai de fer du Canada attirent de plus en plus les grandes sidérurgies américaines et créent plus de 5 000 emplois.

1957-1958 : JOHN GEORGE DIEFENBAKER AU POUVOIR

Les élections de 1957 surprennent les Canadiens, mais plus encore les Québécois. L'arrivée au pouvoir du Parti progressiste-conservateur fédéral, peu représenté au Québec, prouve que désormais la population anglophone peut choisir seule le gouvernement d'Ottawa. Le Parti libéral fédéral, accusé de devenir un parti francophone par certains de ses membres, doit accepter le départ de son vénérable chef Louis Saint-Laurent . Un an plus tard, de nouvelles élections fédérales confirmeront le Parti progressiste-conservateur et son chef John George Diefenbaker au pouvoir. Une fois encore, la majorité écrasante du premier ministre démontrera que le gouvernement fédéral ne subit plus l'influence des votes québécois. Cependant, les nouveaux élus entendent tenir compte des préférences autonomistes du Québec. La FTQ (Fédération des travailleurs du Québec) est fondée en 1957. La même année, des grèves importantes éclatent dans les usines de cuivre à Murdochville où les syndiqués revendiquent la reconnaissance de leur syndicat affilié aux Métallurgistes unis d'Amérique et à la FTQ.

En 1958, on ouvre la mine d'amiante de Black Lake. La même année, on inaugure la Comédie-Canadienne à Montréal et la formation de l'équipe française de l'ONF. En septembre 1959, le jour de la fête du Travail, Maurice Duplessis meurt et Paul Sauvé prend sa place. La même année, on inaugure la Voie maritime du Saint-Laurent. Longue de 3 700 kilomètres : elle relie l'Atlantique aux Grands Lacs.

En 1958 à Montréal, on fonde les Grands Ballets canadiens qui exécuteront les grandes pièces classiques.

1960 : LA RÉVOLUTION TRANQUILLE

Après la mort de Maurice Duplessis, ses successeurs n'ont pas su redresser son parti. Ils laissent les libéraux et leur chef Jean Lesage prendre le pouvoir aux élections provinciales de 1960. À la surprise générale, le nouveau gouvernement entend bien poursuivre la politique autonomiste de son prédécesseur tout en continuant de collaborer avec l'État fédéral. Avant l'arrivée de Lesage, Paul Sauvé avait amorcé le fameux virage surtout par rapport à l'enseignement. Avec « l'équipe du tonnerre », comme on les appelle, la « Révolution tranquille » des libéraux va poursuivre son œuvre. Le gouvernement québécois rétablit les droits et libertés parlementaires, favorise le mieux-être de la population en lui donnant l'assurance-hospitalisation avec le concours du gouvernement fédéral. Il assure l'expansion économique et industrielle, réactive la vie culturelle et le fait français et généralise l'éducation scolaire gratuite. C'est à cette époque que Jean-Paul Desbiens, par son célèbre livre « Les insolences du frère Untel », provoque une prise de conscience générale sur les problèmes éducatifs. Après s'être penchée sur la question, la Commission Parent aboutira en 1964 à la formation d'un ministère de l'Éducation. Puis, Ottawa met sur pied un ministère des Affaires fédérales-provinciales et propose le rapatriement de la Constitution sans oublier un programme complexe destiné à assainir les finances publiques. Suit une conférence fédérale-provinciale où le Québec expose ses idées aux autres gouvernements provinciaux.

Désireuse de renouer les liens avec la France, une délégation québécoise s'envole pour Paris. Jean Lesage est reçu par le général de Gaulle comme chef d'État dans la capitale française, ce qui provoque la grogne d'Ottawa. C'est aussi en 1960 que M. Chaput forme le Rassemblement pour l'indépendance nationale ou RIN. Puis, en 1962, à Montréal, on fonde Télé-Métropole, l'Office de la langue française et le Conseil des arts.

1963 : LA NATIONALISATION DE L'ÉLECTRICITÉ

Sous la direction de René Lévesque, alors ministre des Ressources naturelles, le premier ministre du Québec mène la campagne électorale de 1962 autour de la nationalisation des compagnies d'électricité. Réélu, il concrétisera sa promesse en 1963 et Hydro-Québec deviendra le principal producteur-distributeur d'électricité de notre territoire. Après avoir mis sur pied la Commission Salvas, chargée d'enquêter sur les pratiques d'achat du gouvernement unioniste, les libéraux créent un conseil d'orientation économique. Ce dernier donne vie à la Société générale de financement supportée par le gouvernement, les Caisses populaires et les citoyens. Elle permettra l'achat des sociétés privées d'électricité par l'intermédiaire d'Hydro-Québec, l'achat du complexe sidérurgique Sidbec, l'instauration de la Régie des rentes et celle d'une Caisse de dépôt et placement. Cependant, une agitation s'installe au sein même du gouvernement car, fédéraliste avant tout,

Jean Lesage s'accommode mal des tendances nationalistes radicales de certains membres influents de son équipe.

À Ottawa, Lester B. Pearson succède à John Diefenbaker. Ses projets socio-économiques visant des domaines réservés aux provinces inquiètent les premiers ministres provinciaux. En 1963, on assiste également aux premiers actes terroristes du FLQ. C'est aussi le début de la Commission Laurendeau-Dunton chargée de se pencher sur le bilinguisme et le biculturalisme. À Montréal, on inaugure la Place des Arts. En 1964, le ministère de l'Éducation du Québec est créé. Après l'adoption du Code du travail, les fonctionnaires se syndicalisent et le droit de grève est accordé aux employés des hôpitaux. C'est aussi l'année de la grève de *La Presse* qui incite Pierre Péladeau à lancer le *Journal de Montréal*. Sous la gouverne de Jean Lesage, des sociétés françaises arrivent au Québec telles Renault, Peugeot et Ciment Lafarge. En 1965, Ottawa adopte le drapeau unifolié comme emblème canadien. À Sainte-Thérèse apparaît l'usine automobile GM et le Québec crée son Régime de rentes.

1966 : LES NATIONALISTES PARTAGENT LES VOTES

Malgré son important travail, le Parti libéral est à bout de souffle et ne peut gagner les élections provinciales de 1966. Les nouvelles formations nationalistes, notamment le RIN, lui enlèvent suffisamment de votes pour faciliter la tâche de l'Union nationale et permettre son accession au pouvoir.

Daniel Johnson, le nouveau premier ministre, achève la centralisation administrative et finalise l'Office d'habitation du Québec. Puis les ministères des Affaires culturelles et des Affaires intergouvernementales voient le jour. Enfin, on donne le droit de grève aux enseignants et la CEQ est créée. Suit l'ouverture des cégeps offrant des programmes d'études adaptés aux besoins du marché.

Désormais, le pouvoir politique est détenu par la haute bourgeoisie, la haute finance et les grandes compagnies nationales. Les médias radiophoniques et surtout ceux de la télévision jouent un rôle important dans le conditionnement de l'opinion publique.

Rapidement, le gouvernement fait face à l'opposition sociale et n'hésite pas à utiliser tous les moyens pour déjouer les forces nationalistes. Ce que l'on a appelé le « coup de la Brink's » en est un exemple. Organisée par la haute finance, cette mise en scène d'une fuite imaginaire de gros capitaux québécois à bord des camions blindés de la Brink's visera à décourager les électeurs autonomistes en avril 1970. L'effet se fait vite ressentir et les grévistes contestataires et autres opposants sont ramenés à la raison par l'État-patron.

1967 : LE CRI DU GÉNÉRAL !

À Montréal, l'Exposition internationale qui souligne le centenaire de la Confédération bat son plein après l'inauguration du métro. Mais le Québec reçoit cette année-là un hôte spécial auquel le peuple québécois réserve un accueil chaleureux. En effet, le général de Gaulle, alors président de la France, est venu visiter le pays. Il multiplie les discours à Québec et tout au long de son périple sur le chemin du roi qui le conduit à Montréal. Invité à l'Hôtel de Ville, il répond à l'appel de la foule venue l'accueillir.

Il prononce alors un discours à saveur autonomiste au cours duquel il répond aux cris de ses admirateurs par l'inoubliable « Vive le Québec libre. » Ottawa est au comble de l'indignation ! De Gaulle écourte son voyage et repart vers la France sans visiter la capitale.

1968-1969 : ÉLECTIONS ET PREMIERS PAS SUR LA LUNE

La mort subite de Daniel Johnson père en septembre 1968 est lourde de conséquences. Son remplacement par Jean-Jacques Bertrand marque le déclin du parti. Cette même année, le Parti libéral met en doute le leadership de Jean Lesage. Les nationalistes mécontents de ses hésitations avaient quitté le parti derrière René Lévesque en 1967 pour fonder le Mouvement souveraineté-association basé sur la perspective d'une union monétaire, économique (sorte de marché commun), entre le Québec et le Canada et en 1968, il prend le nom de Parti québécois.

Au fédéral, Pierre Elliot Trudeau remporte les élections pour les libéraux et la même année, Ottawa instaure la Loi sur les langues officielles. Le projet de l'aéroport de Mirabel de Sainte-Scholastique est déclenché. C'est aussi la sortie du mouvement féministe québécois, le FLF, qui se veut un outil de prise de conscience des femmes. On légalise le divorce et le mariage civil. À Montréal, l'Université du Québec ouvre ses portes. Sur la lancée, le gouvernement provincial déclare l'égalité de l'anglais et du français et du libre choix de la langue d'enseignement qu'il consacre avec sa loi 63. Cette téméraire décision provoque la pagaille au sein des partis et des manifestations populaires se déclenchent un peu partout. Des bagarres éclatent lors du défilé de la Saint-Jean-Baptiste et en octobre de la même année lors de la grève des policiers de Montréal. Les manifestations dans les cégeps et les universités, la grève de Murray Hill, celle de la construction et le saccage de la Baie-James (qui entraîne la Commission Cliche) laissent le gouvernement en mauvaise posture pour affronter les prochaines élections.

Le 20 juillet 1969, les astronautes américains marchent sur la lune, déclenchant par cet exploit l'admiration de presque tous les téléspectateurs de la planète.

1970 : RETOUR DES LIBÉRAUX

Ex-conseiller fiscal sous le cabinet de P. E. Trudeau à Ottawa, Robert Bourassa est élu à la chefferie libérale du Québec. Une fois encore, la définition de la carte électorale profite aux libéraux qui gagnent les élections d'avril 1970. Le jeune Parti québécois de René Lévesque ramasse 24 % des voix. La promesse électorale libérale « 100 000 nouveaux emplois » explique à elle seule les priorités du moment.

Affaiblie par le début d'une crise mondiale du capitalisme, l'économie canadienne est à la baisse. Le chômage qui progresse à pas de géant entraîne des agitations sociales graves qui laissent entrevoir des jours sombres.

OCTOBRE 1970 : LA CRISE ÉCLATE AU QUÉBEC

En octobre éclate la crise au cours de laquelle des membres du Front de libération du Québec (FLQ) enlèvent et séquestrent un diplomate britannique, James Richard Cross, et un ministre libéral provincial, Pierre Laporte. Au dénouement de la crise, ce dernier sera retrouvé mort en banlieue de Montréal. Incapable de gérer seul la situation, le gouvernement Bourassa fait appel à Ottawa où le premier ministre P. E. Trudeau et son gouvernement adoptent la Loi des mesures de guerre. Même si la situation au Québec ne justifie peut-être pas une telle démarche, cette loi entraînera l'élimination progressive de la plupart des nationalistes radicaux. En attendant, l'armée débarque au Québec et les libertés civiles sont suspendues. Les arrestations policières se multiplient au sein de certains organismes et partis politiques.

Le gouvernement provincial s'appuie désormais sur celui d'Ottawa. Plus tard, les quelques mesures sociales, comme la Loi de l'assurance-maladie, la Commission royale d'enquête sur la condition féminine, le transfert de l'aide sociale au gouvernement provincial, le droit à l'avortement et le projet de la Baie-James n'apporteront pas toute la tranquillité souhaitée. On assiste à l'éclosion de mouvements idéologiques divers dont plusieurs tendent vers l'option socialiste.

En 1971, le gouvernement d'Ottawa veut démontrer l'efficacité d'un gouvernement fédéraliste fort. Après tout, ne vient-il pas de sauver le Québec ? Il propose une formule sur le rapatriement de la Constitution qui dort toujours en Angleterre. Pour ce faire, il décide de tenir une conférence constitutionnelle appelée Conférence de Victoria. Neuf provinces y adhèrent, mais Robert Bourassa, ne pouvant obtenir la primauté du Québec en matière sociale, refuse son veto. C'est l'échec de Victoria et Ottawa durcit son emprise sur le Québec. En 1972, P. E. Trudeau reporte de justesse les libéraux au pouvoir lors des élections fédérales.

1973 : LES LIBÉRAUX PROVINCIAUX ONT DES ENNUIS

Alors que Robert Bourassa dispose d'un pouvoir absolu, il doit faire face à une nouvelle crise économique. Les grands chantiers et les projets gouvernementaux (aéroport de Mirabel, Jeux olympiques et le complexe hydroélectrique de la Baie-James, entre autres) coûtent cher au pays. Les prix augmentent rapidement et de façon exagérée et très vite les gouvernements fédéral et provinciaux sont accusés de patronage et de trafic d'influence. Au Québec, Robert Bourassa met sur pied une commission d'enquête sur le crime organisé afin de faire la lumière sur le problème. Son propre gouvernement s'en trouve éclaboussé de même que certains représentants du Conseil municipal de Montréal. Un an plus tard, la guerre du Vietnam provoque une récession aux États-Unis qui entraîne des difficultés économiques au Québec où s'installe le chômage. Le climat social s'en ressent et les idées nationalistes reprennent le dessus. Certains Québécois s'accommodent mal d'une civilisation à l'américaine axée sur l'argent, le confort et le loisir. Les familles subissent de profonds changements qui conduisent les francophones du Québec à faire face à une crise d'identité collective. Dans certains milieux, la déception succède à l'enthousiasme de la Révolution tranquille. Les tiraillements linguistiques et sociaux se font sentir à l'aube d'une ère de contre-culture et de sectes religieuses.

En 1975, le gouvernement du Québec signe la Convention de la Baie-James et du Nord québécois avec les Cris et les Inuits.

1976 : LE PARTI QUÉBÉCOIS EST ÉLU

Le 15 novembre 1976, c'est la joie dans les rangs péquistes. René Lévesque et son parti sont portés au pouvoir et font élire 71 députés contre 26 pour les libéraux et 11 pour l'Union nationale. Ému, le nouveau premier ministre s'exclame : « Nous ne sommes pas un petit peuple... nous sommes quelque chose comme un grand peuple. » Son programme, d'apparence modeste, cache à peine les idées ambitieuses à venir. S'il veut rétablir la paix sociale, améliorer l'économie du Québec et le régime de soins de santé gratuits, il veut aussi développer l'agriculture et l'habitation, réformer l'assurance-automobile et aider les municipalités. À Montréal, les Jeux olympiques de l'été 1976 se déroulent avec faste.

1977 : LES RÉFORMES DU NOUVEAU GOUVERNEMENT

À Québec, la priorité péquiste est axée sur le problème linguistique. En 1977, la loi 101 vient sanctifier les vœux des francophones. Désormais, les enfants allophones et francophones doivent poursuivre leurs études primaires et secondaires en français. Le gouvernement du Québec concrétise la réforme de l'assurance-automobile et assume désormais la protection « sans faute » des dommages corporels.

À leur tour, les soins de santé subissent quelques améliorations avec la gratuité des médicaments aux personnes âgées et les soins dentaires gratuits aux enfants. Une loi anti-briseurs de grève et une hausse du salaire minimum rassurent les travailleurs. D'autres réformes suivent et parmi elles la Loi sur la consultation populaire ou référendum qui ne passe pas inaperçue. René Lévesque et son équipe connaissent une popularité jamais égalée, mais le goût du pouvoir, une modération et une prudence exagérées finissent par diluer le programme souverainiste. Son équipe éprouve de la difficulté à rallier les indécis et devient le bouc émissaire du directeur du journal *Le Devoir*, Claude Ryan, qui semble avoir oublié son engagement de 1976 alors qu'il suggérait aux électeurs de chasser Robert Bourassa pour élire un bon gouvernement provincial.

En 1977-1978, les Autochtones du Québec interrompent les travaux de la Baie-James. Des négociations avec les Inuits et les Cris sont finalement ratifiées par la Convention de la Baie-James et du Nord québécois, mais sans offrir de garantie complète pour le futur. En avril 1978, Claude Ryan est nommé chef du Parti libéral. La même année, le Québec assiste au départ précipité du siège social de la compagnie d'assurance Sun Life. On met ça sur le dos de la loi 101 !

1979 : ÉLECTIONS FÉDÉRALES

Le 4 juin 1979, le conservateur Joe Clark est élu premier ministre du Canada, défaisant de justesse les libéraux avec seulement 36 sièges. Son gouvernement commet plusieurs bévues comme le déménagement de l'ambassade canadienne de Tel-Aviv à Jérusalem en Israël et l'idée de la privatisation de Petro-Canada, l'enfant chéri du public. De plus, le déficit national pousse le nouveau premier ministre à user de mesures impopulaires à l'exemple de la fameuse taxe de 18 cents sur l'essence. À la présentation de son budget, l'opposition provoque la chute du gouvernement qui déclenche de nouvelles élections fédérales.

Avec l'appui du Québec, P. E. Trudeau et les libéraux reprennent le pouvoir. La Commission Pépin-Robarts, chargée d'étudier les problèmes de l'unité canadienne, conclut son rapport en disant : « Le Québec est différent et doit détenir les pouvoirs nécessaires à la préservation et au développement de son caractère distinct au sein d'un Canada viable. » Les premiers mois de l'année 1979 semblent satisfaisants pour René Lévesque qui multiplie les réformes et inaugure le chantier hydroélectrique LG-2 à la Baie-James. Il crée le Régime d'épargne-actions (REA) d'apparence similaire au programme français. Les déductions généreuses d'impôt aux acheteurs de ces actions publiques rendent la mesure populaire et profitent aux entreprises québécoises. Malgré tout, les indépendantistes extrémistes s'impatientent.

Au Manitoba, les francophones obtiennent gain de cause et la loi linguistique manitobaine qui supprimait leurs droits linguistiques est finalement reconnue officiellement anticonstitutionnelle. Au Québec, la campagne référendaire tant attendue démarre en pleine crise de doute, de remise en question et de désenchantement.

1980 : RÉFÉRENDUM QUÉBÉCOIS SUR LA SOUVERAINETÉ-ASSOCIATION

Le 20 mai 1980, le couteau vient trancher le fil de l'espoir péquiste. Le NON majoritaire (59,6 %) met fin au grand rêve de René Lévesque. À Ottawa, P. E. Trudeau reprend le pouvoir alors qu'à Québec, on commence déjà à parler de « fédéralisme renouvelé ». À la fin de son mandat, le déficit scolaire et un présumé scandale à la Société d'habitation du Québec éclaboussent le gouvernement péquiste. Claude

Ryan profite des déboires de ce dernier et croit hâtivement avoir mis le pouvoir dans sa poche.

De son côté, P. E. Trudeau, préoccupé par le problème constitutionnel, étire son mandat au-delà des quatre années traditionnelles. René Lévesque en fait autant et retarde les élections provinciales au printemps 1981. Reporté au pouvoir, le gouvernement péquiste désire s'attaquer aux problèmes économiques et familiaux. Mais, l'appétit insatiable des Québécois ne se contente pas de promesses même s'ils savent que les poches gouvernementales sont vides. Pendant que le ministre des Finances gratte les fonds de tiroirs, on parle de compressions budgétaires, de hausse d'impôt et l'effort économique se limite à l'achat de la société Asbestos.

Au mois de novembre, les neuf provinces canadiennes se rangent aux côtés d'Ottawa lors du coup de force de P. E. Trudeau visant à faire entériner le projet de rapatriement de la Constitution où il inclura la Charte des droits et libertés. S'étant exclu des pourparlers, le Québec est écarté. Lorsque la nouvelle Constitution canadienne est proclamée le 17 avril 1982, le Québec n'en fait pas partie. À cette époque, le Canada accueille des milliers de réfugiés vietnamiens.

1982 : LA RÉCESSION

En février 1982, le Parti québécois parle à nouveau de l'option souverainiste. Cette fois, les indépendantistes suggèrent des élections générales associées à l'indépendance du Québec. René Lévesque, plus tempéré, exige que tous les membres du Parti québécois soient appelés à prendre la décision, ce qui met fin au litige. D'ailleurs, la population est trop préoccupée par la crise de 1981 qui tarde à fléchir. Cette récession mondiale ressemble comme une sœur jumelle à celle des années trente et se ressent davantage au Canada qu'aux États-Unis. Les problèmes pétroliers et l'endettement des pays du tiers-monde contribuent à la spirale inflationniste. Pour y mettre fin, les Américains limitent le crédit et imposent des taux d'intérêt élevés. Cette action est tragique pour l'économie canadienne mais encore plus pour celle du Québec. Ses exportations vers les États-Unis sont en chute libre, entraînant des fermetures d'usines, des mises à pied temporaires et des faillites. Des régions comme la Côte-Nord et la Gaspésie sont plus touchées.

Déjà en mauvaise posture avant la crise, les finances publiques doivent subir des coupures. Les gouvernements fédéral et provinciaux se penchent sur la dette nationale et se voient obligés d'augmenter les impôts directs. Dans le même temps, Ottawa prône le multiculturalisme canadien qui entraîne de profonds changements à la Charte de la langue française au Québec.

La société rompt avec la morale pour se réfugier dans la reconnaissance des droits et des nouvelles libertés, provoquant du même coup des problèmes sociaux de toutes sortes. Les difficultés économiques affectent le comportement des syndicats. Devenus moins combatifs, ils se montrent plus conciliants afin de protéger des emplois.

En 1983, Brian Mulroney devient chef du Parti conservateur. La même année, Québec vote une loi spéciale pour obliger les enseignants en grève à reprendre le travail.

1984 : LA CRISE MINIÈRE

Les États-Unis sortent plus vite de la récession que le Canada, ce qui finit par profiter à ce dernier. Les exportations québécoises reprennent avec leurs voisins du sud et réactivent l'économie. Malgré tout, le taux de chômage reste fort, car un profond changement des structures économiques mondiales n'arrange pas les choses. Entièrement tournées vers le capitalisme, les industries préfèrent désormais produire dans les pays où la main-d'œuvre est moins chère afin d'augmenter leurs profits. De plus, les nouvelles technologies (robotiques et autres) réduisent aussi le nombre d'emplois. Les multinationales rendent la concurrence difficile et les petites entreprises, rendues désuètes, doivent fermer ou attendre le secours de l'État.

En 1984, les richesses minières québécoises subissent également la concurrence du marché mondial. Le fer est le plus touché. Les mines Iron Ore et la ville de Schefferville ne pouvant pas concurrencer le minerai du Brésil sont sacrifiées. Plus tard, la baisse de production provoque la fermeture de la ville de Gagnon sur la Côte-Nord. Le cuivre est aussi en mauvaise posture, de même que l'amiante critiqué par les services de santé de certains pays importateurs.

RENÉ LÉVESQUE

Figure de proue de l'autonomie québécoise, il a prôné avec acharnement et conviction la souveraineté-association. Il conservera le titre de « père de l'indépendance du Québec » dans l'histoire du Canada.

LA REPRISE

Une fois encore l'énergie hydroélectrique vient au secours du Québec où les alumineries, grandes dévoreuses d'électricité, investissent des sommes importantes. Par contre, en raison des mesures protectionnistes américaines, l'industrie du bois doit réduire ses exportations. L'on modernise le secteur des pâtes et papiers pour faire face à la concurrence de plus en plus exigeante.

Le secteur manufacturier n'échappe pas aux compressions. L'industrie de l'automobile, touchée par les importations croissantes des voitures étrangères, s'appuie sur la nouvelle technologie américaine pour regagner le marché. La stabilisation des prix de l'essence remet momentanément les grosses cylindrées sur les routes nord-américaines. Cependant, les exportations québécoises dans les domaines de l'avionnerie, de la télécommunication et de l'électronique continuent de croître. L'ingénierie québécoise se vend également très bien à l'étranger et le Québec semble prendre positivement le fameux virage technologique.

Le marché de l'électronique devient particulièrement florissant pour les producteurs de logiciels. Dans ce domaine, les spécialistes québécois font de remarquables percées. En règle générale, la récession a développé chez les Canadiens le sens de l'économie, de l'épargne et des choix plus judicieux et plus tempérés. Rendus plus méfiants envers leur avenir, ils seront peut-être mieux préparés pour affronter une nouvelle crise.

La création d'emplois constitue l'objectif principal des gouvernements fédéral et provinciaux, mais les bouleversements économiques et technologiques rendent la tâche difficile et coûteuse. Le Québec mise sur la formation et investit dans l'éducation car, mieux formés, les jeunes ouvriers augmentent leurs chances sur le marché du travail. La mondialisation touche le Canada. Montréal est le siège de grandes multinationales françaises et anglaises. L'expansion de ces entreprises se fait particulièrement aux États-Unis, mais également en Europe, en Asie et aux Antilles. Le fleuron des multinationales canadiennes-françaises reste la compagnie Bombardier dont les activités s'étendent dans le monde entier.

ÉLECTIONS FÉDÉRALES

Lors des élections fédérales de 1984, les conservateurs reçoivent l'appui des Québécois. Ainsi le gouvernement du nouveau premier ministre Brian Mulroney redonne espoir aux membres péquistes que la présence de P. E. Trudeau rendait nerveux. Les travailleurs syndiqués de la FTQ lancent le Fonds de solidarité des travailleurs du Québec. Grâce à cette initiative, les entreprises obtiennent des fonds de secours pour surmonter leurs problèmes de liquidité.

C'est aussi la même année que Québec fête son 450e anniversaire et que Montréal reçoit la visite du pape Jean-Paul II. Pour l'occasion, la future vedette internationale, Céline Dion, chante pour le Saint-Père. René Lévesque voit dans le départ de P. E. Trudeau l'occasion de respirer et de renouer le dialogue avec Ottawa sur la question constitutionnelle. Pour ne pas nuire aux pourparlers, il demande à son parti de mettre l'option souverainiste de côté. Il met de l'avant un projet d'accord constitutionnel dans lequel il réclame pour le Québec

« le droit de disposer de lui-même » (la reconnaissance culturelle, socio-économique et politique). À la Charte canadienne des droits et libertés, il revendique la primauté de la Charte québécoise.

Ce « beau risque » déplaît au sein de son parti. Elle entraîne la démission de cinq ministres et met en danger la majorité gouvernementale durant les élections partielles de 1985. Pour la première fois, le leadership de René Lévesque est remis en question. Devant cet état des faits, René Lévesque démissionne comme président du Parti québécois le 20 juin 1985, puis comme premier ministre le 30 octobre de la même année. Il est remplacé pour une courte durée par Pierre-Marc Johnson. Au cours des discussions qui suivent, le gouvernement fédéral n'est pas pressé de satisfaire les exigences constitutionnelles québécoises. Cependant, il tente de soutenir des propositions sur le statut particulier du Québec que les autres provinces refuseront. Un peu plus tard, il semble qu'une entente constitutionnelle avec le Québec n'est pas près d'être conclue.

1985 : ÉLECTIONS AU QUÉBEC

Dans une ambiance plutôt négative, le Parti québécois annonce les élections de décembre 1985 en mettant le projet constitutionnel dans la balance. Mais les électeurs sont fatigués d'entendre parler de constitution et certains changent d'option. De plus, le Parti québécois n'a plus l'appui des syndiqués qui n'ont pas digéré les mesures sévères de compression des années de crise (le gel des salaires, l'ordre de retour au travail des enseignants grévistes sous peine de congédiements collectifs, de perte d'ancienneté et de suspension des droits syndicaux). De son côté, Robert Bourassa, revenu de son exil européen, a repris les rênes du Parti libéral et remporte facilement les élections. Son gouvernement envisage de relancer l'emploi en venant en aide à l'entreprise privée. Il favorise aussi la privatisation en vendant Québecair et le manoir Richelieu.

La société nord-américaine a subi de profonds bouleversements. La vie conjugale hors mariage, la banalisation du divorce, l'augmentation du célibat, les femmes plus nombreuses sur le marché du travail et la frustration des conjoints désorientent les hommes et les femmes. En 1987, René Lévesque meurt à son domicile de L'Île-des-Sœurs et plonge le Québec dans le deuil.

1987-1988 : L'ACCORD DU LAC MEECH

Au mois de juin 1987, l'accord du lac Meech est ratifié à Ottawa et l'on dispose d'un délai de trois ans pour l'entériner. Il reconnaît l'existence au Québec d'une société distincte ; l'existence au Canada de deux communautés linguistiques ; le droit pour le Québec de soumettre des listes de candidats pour le choix des sénateurs et des juges de la Cour suprême du Canada ; un droit de refus (veto) pour le Québec dans certaines matières ; le droit de retrait d'une province envers toute modification constitutionnelle qui pourrait lui causer une perte de pouvoir ou des frais partagés dans un domaine qui lui est propre ; la limitation des dépenses fédérales et des garanties accrues en matière d'immigration. En 1988, la Cour suprême du Canada déclare inconstitutionnelles les dispositions de la Charte québécoise de la langue française interdisant l'usage d'une langue autre que le français dans l'affichage commercial.

Pour se soustraire à ce jugement, le gouvernement de Robert Bourassa utilise la clause dérogatoire de la Constitution canadienne qui soustrait momentanément le choix de la langue d'affichage aux chartes des droits. Il corrige la loi en permettant l'affichage français à l'extérieur et dans une autre langue à l'intérieur des commerces (loi 178). Cette décision entraîne la démission de trois ministres et provoque la colère de certains groupes anglophones qui soutiendront le Parti égalité aux prochaines élections.

Après une deuxième victoire des conservateurs de Mulroney à Ottawa, le Canada signe le traité de libre-échange avec les États-Unis en 1988. Cette entente vise à éliminer les barrières tarifaires entre les deux pays. Si certains voient là une garantie à la prospérité du pays, d'autres au contraire s'élèvent contre ce qu'ils pensent être une menace à la sécurité d'emploi.

En 1989, la Loi sur le patrimoine familial oblige un partage égal des biens de la famille après un décès ou une séparation.

MANIC-5

Ce majestueux barrage est l'un des fleurons de la compagnie Hydro-Québec.

1990 : L'ÉCHEC DE MEECH

Au Québec, Robert Bourassa s'inquiète de l'attitude du Canada anglais. Pour parer à tous les scénarios possibles, il crée au sein du Parti libéral le Comité Allaire, chargé de préparer « l'après-Meech ».

Il faut rappeler que durant les préparatifs de la ratification de l'Accord du lac Meech, l'ancien premier ministre du Canada, P. E. Trudeau, s'oppose à la clause de la société distincte pour le Québec et bientôt le Canada anglais lui emboîte le pas. Au mois de mai 1990, le rapport d'un comité parlementaire, présidé par Jean Charest, demande que la clause de société distincte soit amendée. Outragés par cette proposition, Lucien Bouchard et une dizaine de députés québécois démissionnent du cabinet pour former un nouveau parti, le Bloc québécois.

Le 22 juin 1990, l'Accord du lac Meech tombe à l'eau à la suite d'une impasse fatale créée par le refus du Manitoba et de Terre-Neuve de ratifier l'entente. Ainsi, seulement 6 % de la population du Canada vient de sceller le sort du pays en tuant dans l'œuf le résultat de dix années de travail. La déception du peuple québécois se transforme en vague nationaliste qui explose ouvertement lors du défilé de la Saint-Jean-Baptiste.

Au même moment, la récession s'abat à nouveau sur le pays entraînant des faillites et une augmentation considérable de la dette publique. Selon certains, la principale responsable est la Banque du Canada qui, en maintenant des taux d'intérêt très élevés, nuit considérablement à l'essor économique. Cette situation n'est pas favorable au premier ministre Brian Mulroney et sape énormément son leadership. De son côté, Jean Chrétien prend la tête du Parti libéral fédéral.

L'année 1990 se termine avec la publication de l'audacieux rapport Allaire qui préconise une réforme profonde du fédéralisme et qui réclame pour le Québec :

A : L'exclusivité des pouvoirs québécois dans 22 domaines dont la langue, l'industrie et le commerce, la main-d'œuvre, l'assurance-chômage, la recherche et développement, la sécurité du revenu, l'agriculture et les communications.

B : L'abolition du droit de dépenser du fédéral dans les domaines exclusivement québécois.

C : L'abolition du Sénat et la formation d'un Parlement aux pouvoirs restreints.

D : La création d'un tribunal communautaire veillant aux droits de la Constitution et à l'application des lois fédérales. Il est également mentionné que le gouvernement doit réaliser cette réforme dans un délai très court ou se verra obligé de déclencher un référendum sur l'accession au Québec à la souveraineté. Les évènements à venir chambouleront finalement ce scénario.

LA CRISE AMÉRINDIENNE

C'est en avril 1990 que débute la crise amérindienne d'Oka au cours de laquelle les Mohawks revendiquent une partie de terrain. L'intervention de la Sûreté du Québec se solde par la mort du caporal Lemay le 11 juillet. Le mouvement s'étend ensuite en direction de Kahnawake avec l'occupation du pont Mercier et l'arrivée des forces armées.

La crise se termine en octobre, mais les Mohawks réclament pour tous les Autochtones la reconnaissance de leurs propres corps policiers. Des ententes aboutiront en 1994 avec plusieurs communautés, mais seuls les Mohawks refuseront de reconnaître l'autorité québécoise dans ces prises de décision.

OKA

Pour la seconde fois en moins de trente ans, l'armée débarque au Québec pour tenter de régler les problèmes autochtones sur certaines réserves.

1991 : RAPPORT DE LA COMMISSION BÉLANGER-CAMPEAU

Pour rétablir le calme au sein des groupements indépendantistes déçus, Robert Bourassa cherche l'appui du chef de l'opposition, Jacques Parizeau. Ensemble, ils mettent sur pied la Commission Bélanger-Campeau en septembre 1990. Cette dernière a pour charge d'étudier le statut politique et constitutionnel québécois et de formuler des idées de changements. Le 27 mars 1991, deux solutions sont proposées : la souveraineté du Québec avec le projet de tenir un référendum le 26 octobre 1992 ou le renouvellement du régime fédéral. À peine formulé, ce rapport qui suit la Commission divise profondément ses participants, nationalistes d'un côté, fédéralistes de l'autre.

Poussé par les Jeunes libéraux, le rapport Allaire est soumis et adopté au congrès général du parti. Il préconise une décentralisation accrue du fédéralisme ou propose, par voie de référendum, la souveraineté du Québec aux Canadiens anglais. Cette dernière option sera entérinée par la loi 150. Les deux rapports à saveur nationaliste mettent Robert Bourassa et son parti dans l'embarras.

1992 : LE QUÉBEC SIGNE L'ACCORD DE CHARLOTTETOWN

Le premier ministre du Québec Robert Bourassa ne cache pas sa préférence fédéraliste. De son côté, le ministre fédéral chargé de l'unité canadienne, Joe Clark, a apporté une série de propositions qu'il a présentées publiquement en septembre 1991.

Pour sa part, Robert Bourassa, qui avait promis de ne plus s'entretenir avec les provinces depuis l'échec du lac Meech, se laisse encore convaincre par Brian Mulroney de s'intéresser aux débats. Ces discussions aboutissent à l'entente de Charlottetown rendue publique en août 1992 et soumise à l'approbation du peuple par voie de référendum. On s'éloigne de Meech. On assiste à deux consultations, l'une est tenue au Québec sous la direction de son gouvernement, l'autre s'étend à travers tout le reste du Canada. Robert Bourassa recommande à son parti d'approuver l'entente, ce qui entraîne le mécontentement de certains militants libéraux, dont Jean Allaire et Mario Dumont. Ces derniers forment un nouveau parti orienté vers la souveraineté-association, l'Action démocratique du Québec (ADQ), et font campagne pour refuser l'entente.

Les résultats des votes référendaires indiquent que le Canada et le Québec ne veulent pas de Charlottetown. Le NON l'emporte avec 56 % des voix. Les Québécois pensent que l'entente ne leur en donne pas assez et les autres Canadiens pensent qu'on donne trop au Québec. Le Canada signe avec le Mexique et les États-Unis l'Accord de libre-échange nord-américain (ALENA) qui entrera en vigueur en 1994.

1993 : ÉLECTIONS FÉDÉRALES

Après une succession de scandales et l'instauration de la très impopulaire taxe sur les produits et services (TPS), Brian Mulroney se voit contraint de démissionner. Il est remplacé par Kim Campbell, première femme à occuper le poste de premier ministre du pays, mais elle ne siègera que quelques mois.

En octobre 1993, le Parti libéral fédéral de Jean Chrétien prend le pouvoir avec une confortable majorité. Il est élu sans le soutien des électeurs québécois qui ont voté massivement pour le Bloc québécois et sans le concours des provinces de l'Ouest qui ont choisi le Reform Party nouvellement formé. Pour sa part, le Parti conservateur ne fait élire que deux députés.

Durant la campagne, Jean Chrétien avait promis l'abolition de la TPS et qu'il n'était pas intéressé à rouvrir les discussions autour de la Constitution, au grand soulagement des électeurs. Il préfère s'attaquer à l'endettement national et aux finances publiques.

En juin 1993, le Québec, incité par l'ONU, dépose la loi 86 qui vient régler le problème de la langue dans l'affichage commercial. Le français doit prédominer sur les affiches, mais ces dernières peuvent être également rédigées dans une autre langue.

1994 : LES BOULEVERSEMENTS TECHNOLOGIQUES ET SOCIAUX

En janvier 1994, Daniel Johnson succède à Robert Bourassa miné par la maladie. Le Canada se place au premier rang du G7 pour l'accroissement de sa production et espère conserver cette place pour les années à venir. Cependant, la croissance économique ne va pas de pair avec la diminution du chômage en raison des bouleversements technologiques des dernières décennies.

On assiste à une baisse majeure des taux d'intérêt qui se situent au même niveau que ceux des années 1960. Malgré une reprise timide et les privatisations gouvernementales (Canadair, Air Canada, Petro-Canada et autres), la dette fédérale atteint des sommets jamais égalés. L'entreprise privée prend de l'essor. Au Québec, la compagnie Bombardier se propulse sur le marché international avec un succès accru. La même année, le ministre de la Justice du Québec, Gil Rémillard, modernise le droit civil français, ce qui oblige les représentants de justice à retourner sur les bancs d'école.

1995 : LES QUÉBÉCOIS DISENT NON À LA SOUVERAINETÉ

En septembre 1994, Jacques Parizeau et le Parti québécois ont remporté les élections. Durant sa campagne, il s'est engagé à tenir un référendum sur la souveraineté politique du Québec avant la fin 1995. Au pays, le multiculturalisme est bien installé. Les immigrants jouent un rôle de plus en plus important au sein de la communauté québécoise, mais l'intégration se fait au ralenti. Les différentes ethnies ont encore tendance à adopter le mode de vie américain et à se regrouper pour vivre leurs habitudes de vie, leurs religions, leurs langues d'origines et leur culture générale.

Le 12 juin 1995, le Bloc québécois, l'Action démocratique du Québec et le Parti québécois signent une entente tripartite sur le partenariat économique et politique du Québec avec le Canada. Ils se donnent un an, après le OUI, pour faire aboutir les négociations avec Ottawa. Dans le cas contraire, ils proclameront l'indépendance du Québec. Le 30 octobre 1995, le NON l'emporte avec 50,6 % des voix au référendum. Les Québécois refusent le projet de souveraineté une seconde fois. Le lendemain du référendum, Jacques Parizeau qui a accusé les ethnies d'avoir boudé le projet souverainiste donne sa démission et Lucien Bouchard le remplacera un peu plus tard.

BIOGRAPHIE
des principaux acteurs de ce récit

A

AMHERST, Jeffery

Né le 29 janvier 1717 à Sevenoaks dans le comté de Kenten (Angleterre). En 1731, il est page chez le duc de Dorset avant de devenir enseigne dans les gardes royales. Il fait les campagnes d'Europe et sera promu lieutenant-colonel en 1756. Élevé au grade de major général par William Pitt, il s'embarque en 1758 pour la Nouvelle-France avec Lawrence et Wolfe sous ses ordres. Sa mission est de prendre Louisbourg et Québec. Après le siège de la forteresse, il accepte la capitulation des Français, mais leur refuse les honneurs de la guerre. Il fait détruire tous les bâtiments pour empêcher un retour éventuel des vaincus. En 1759, il s'empare de Carillon et Saint-Frédéric et le 8 septembre 1760, il oblige Vaudreuil à demander la capitulation de Montréal.

Après cet exploit, toujours commandant en chef des troupes britanniques de l'Amérique du Nord, il choisit New York comme lieu de résidence. Plus tard, il sera décoré de l'ordre du Bain. En 1763, il ne peut assurer ses défenses contre les tribus révoltées de Pontiac. Il adresse alors ce message à l'un de ses colonels: « Ne pourrions-nous pas tenter de répandre la petite vérole parmi les tribus indiennes qui sont rebelles ? Il faut en cette occasion user de tous les moyens pour les réduire. » La réponse du colonel: « Je vais essayer de la répandre grâce à des couvertures contaminées que nous trouverons le moyen de leur faire parvenir. » « Vous ferez bien de la répandre ainsi, a répondu Amherst, et d'user de tout autre procédé capable d'exterminer cette race abominable. »

La même année, il est rappelé à Londres où il est nommé gouverneur de la Virginie. En 1768, il connaît quelques revers et se voit nommer gouverneur de la petite île de Guernesey jusqu'en 1770. En 1776, ses succès dans la guerre contre les colonies américaines lui valent les reconnaissances royales. Il est fait pair d'Angleterre, baron d'Amherst et général en 1778. En 1793, il est de nouveau commandant en chef, mais cède sa charge au duc de York pour finalement recevoir le titre de maréchal de camp en 1796. Le 3 août 1797, il meurt à Montréal en laissant un fils.

B

BALDWIN, Robert

Né le 12 mai 1804 à York (futur Toronto), Robert Baldwin, d'origine irlandaise, suit les traces de son père et devient avocat en 1825. En 1827, il épouse Augusta-Elizabeth Sullivan. Attiré par la carrière politique, il y fait ses premières armes en 1829. Un an plus tard, il est député de York. Il est appelé à siéger au Conseil législatif du Haut-Canada en 1836, mais la mort de son épouse lui fait quitter quelque temps le Canada pour une retraite en Angleterre. De retour en 1840, il reprend ses activités politiques. Promu solliciteur général, le député de York devient ministre à quelques reprises. Réformiste convaincu, il se rapproche de L.-H. Lafontaine et des Canadiens français qui partagent ses idées. Il appuie la Loi d'indemnité en faveur des victimes de 1837, ce qui le fera désavouer par Toronto. Plus tard, sa santé déficiente lui impose l'abandon de ses activités. En 1854, il est fait compagnon de l'ordre du Bain et meurt quatre ans plus tard à Spadina.

BÉDARD, Pierre-Stanislas

Né le 13 novembre 1762 à Charlesbourg, il est l'aîné d'une famille de sept enfants. Il fait ses études classiques au Séminaire de Québec et se spécialise en sciences mathématiques. Il s'oriente finalement vers le droit et est admis au barreau en novembre 1796. Très engagé dans l'arène politique, il est élu député du Northumberland de 1772 à 1812. En 1796, il épouse Jeanne-Louise-Luce Lapus qui lui donnera quatre enfants.

Son action parlementaire contre l'usage exclusif de l'anglais le rapproche de Louis-Joseph Papineau et le consacre comme l'un des grands défenseurs des droits des Canadiens français. Ses articles publiés dans *Le Canadien* et *Le Courrier* de Québec provoquent la colère de ses adversaires politiques. Accusé d'être l'un des propriétaires du journal *Le Canadien* mis à l'index, il est arrêté en juillet 1810 avec Taschereau et Blanchet. Il sera le seul à refuser de sortir sans obtenir un jugement préalable. Reconnu innocent en 1811, il est réintégré et sera nommé juge à Trois-Rivières un peu plus tard. Malade, il cesse ses activités en 1827 et meurt le 26 avril 1829 à Saratoga.

BERTRAND, Jean-Jacques

Né à Sainte-Agathe-des-Monts le 20 juin 1916. En 1948, il est élu député de l'Union nationale à l'Assemblée législative pour le comté de Missisquoi. Il occupera ce siège jusqu'en 1970. En 1954, il est adjoint parlementaire du ministre des Ressources hydrauliques du 30 avril 1958 au 8 janvier 1960. En 1960, il est nommé ministre de la Jeunesse et ministre de l'Aide sociale.

Un an plus tard, il perd la course au leadership de son parti au profit de Daniel Johnson père. En 1966, il est ministre de l'Éducation et ministre de la Justice jusqu'en 1968. Durant ces mandats, il poursuit les réformes libérales en continuant l'œuvre de la Révolution tranquille. À la mort de Johnson, il est nommé chef intérimaire de l'Union nationale. Le 2 octobre 1968, il devient premier ministre du Québec et occupera ce poste jusqu'aux élections de 1970 remportées par les libéraux.

Il doit affronter la crise linguistique en milieu scolaire. Pour tenter de régler la question, il crée la Commission Gendron et propose la loi 63 qui garantit aux usagers le libre accès à l'école de leur choix. En avril 1970, il cède le pouvoir aux troupes de Robert Bourassa, mais demeure chef de l'opposition officielle jusqu'en 1971. Il meurt à Montréal le 22 février 1973.

BIENVILLE, Jean-Baptiste Le Moyne de

Né le 23 février 1680 à Ville-Marie, il est le douzième enfant de Charles Le Moyne, seigneur de Longueuil. Engagé dans la marine, il combat sur terre et sur mer aux côtés de son frère Pierre Le Moyne d'Iberville. En 1689, il est présent lors de la découverte de l'embouchure du Mississippi.

En 1700, il participe à la construction du fort Maurepas. Nommé commandant, il est responsable de la première ville de Louisiane, Mobile, édifiée par son frère à l'embouchure de l'Alabama. En 1703, il est promu premier gouverneur de la Louisiane. Il essaie de développer cette colonie, mais la présence des Espagnols ne lui facilite pas les choses. De plus, les Anglais de Caroline tentent de déloger tous les Français des forts de la région. En 1711, une inondation oblige de Bienville et les colons à bâtir un nouveau fort, Nouvelle-Mobile. Durant des années, les Amérindiens alliés aident la colonie à survivre.

En 1712, la traite et le commerce de la Louisiane sont cédés à la Compagnie Crozat qui en confie le commandement à Antoine de Lamothe Cadillac. En 1717, les intérêts de la Louisiane sont transmis à la Compagnie d'Occident et de Bienville est renommé gouverneur de la Colonie. Il dirige la construction du comptoir de La Nouvelle-Orléans où il choisit de demeurer. En 1719, la Compagnie des Indes hérite à son tour de la Louisiane Moribonde. Avec elle arrive l'ordre de sortir les Espagnols du fort Pensacola. De Bienville s'acquitte de cette tâche avec son frère M. de Sérigny. (La France restituera le fort un peu plus tard.)

Entre 1732 et 1743, de Bienville demeure gouverneur de la Louisiane à la demande des colons. Les Amérindiens, poussés par les Anglais, ne sont plus aussi tolérants avec les Français et il doit demander du secours en France. On lui envoie un bataillon de 1 300 hommes et des armes. Bien vite, les Anglais demandent la paix et offrent un traité d'alliance. De Bienville accepte les termes de cette capitulation, ce qui provoque le mécontentement de la France. Le roi le rappelle en 1742. Le 7 mars 1768, de Bienville, que l'on a appelé le « père de la Louisiane », meurt à Paris célibataire et sans descendance.

BLANCHET, François

Né à Saint-Pierre-de-la-Rivière-du-Sud le 3 avril 1776. Il fait ses études classiques au Séminaire de Québec et ses études médicales à New York. Reçu docteur, il exerce sa profession à Québec où l'on discute déjà des problèmes constitutionnels. En 1802, il épouse Catherine-Henriette Duchesnay qui lui donnera quatre enfants.

Le 23 novembre 1809, il est député à l'Assemblée du Bas-Canada du comté de Hertford jusqu'en 1830. Pour tenter de défendre les droits des Canadiens français, il acceptera d'être l'un des trois fondateurs du journal *Le Canadien* dont le premier numéro paraîtra le 23 novembre 1806. Accusé de produire un média séditieux et injurieux, il est arrêté le 19 juin 1808 après le saccage des bureaux du journal par une escouade des soldats du gouverneur Craig. Il est emprisonné puis relâché quelque temps après. Il devient alors membre de commissions chargées de réclamer des droits constitutionnels en faveur des Canadiens français. En 1810, il publie à nouveau *Le Canadien*. Il meurt à Québec le 24 juin 1830.

BOUCHARD, Lucien

Né en 1938 à Jonquière d'une famille de cinq enfants. En 1951, il entre à l'Externat classique Saint-Michel pour quatre ans avant de continuer ses études au Collège des Oblats de Jonquière. Durant ces années, il se révèle être un élève studieux et particulièrement doué.

Après avoir songé à la prêtrise, il s'inscrit en 1959 à l'Université Laval où il opte, sans grande conviction, pour les sciences sociales. Il terminera cependant avec un prix d'excellence. L'année suivante, il s'inscrit à la faculté de droit. C'est là qu'il fait la connaissance de Brian Mulroney avec lequel il entretient de bonnes relations.

En 1959-1960, durant ses vacances estivales, il travaille pour le journal *La Presse* dans les bureaux de Jonquière. Au cours de sa deuxième année de droit, il récidive en écrivant dans le journal universitaire *Le Carabin* dont il devient le rédacteur en chef. Cette année-là, le journal gagne le trophée Bracken (meilleure page éditoriale) et le prix *Le Droit* (meilleur journal étudiant francophone). En 1964, il complète brillamment ses études et s'apprête à faire sa cléricature dans le très connu cabinet Létourneau et Stein. Il reçoit sa licence en droit avec le premier prix du barreau du Québec. Il exerce d'abord à l'étude de Roland Fradette à Chicoutimi. En 1966, il se marie en première noce.

En 1968, il participe à la campagne libérale fédérale à Chicoutimi et plus tard à la campagne provinciale. En avril 1970, il est nommé président des tribunaux d'arbitrage du secteur de l'éducation.

Les évènements d'octobre 1970 ébranlent fortement ses convictions fédéralistes et, petit à petit, il devient indépendantiste et brise rapidement ses liens avec les libéraux.

En 1973, sa nouvelle orientation politique lui fait quitter l'étude Fradette pour ouvrir son propre cabinet. En 1974, il représente les intérêts du gouvernement comme procureur au sein de la commission chargée de faire la lumière sur les incidents de la Baie-James.

En 1975, il est élu bâtonnier du barreau du Saguenay. Deux ans plus tard, il est nommé commissaire à la Commission Martin chargée de préparer une réforme sur les négociations dans le secteur public et parapublic.

En 1980, il participe à la démarche judiciaire qui légifère sur la légalité du rapatriement unilatéral de la

Constitution. Plus tard, il participe à la campagne électorale de Brian Mulroney en rédigeant ses textes pour les débats et les discours.

En juillet 1985, il est nommé ambassadeur du Canada en France. Un an plus tard, il se sépare de sa femme. En 1987, il fait la rencontre d'Audrey Best qui deviendra sa seconde épouse en mars 1989.

En 1988, il organise le voyage du gouverneur général du Canada en France. Au mois de mars de la même année, il quitte la carrière diplomatique pour entrer au Conseil des ministres et au secrétariat d'État à la Chambre des communes.

La même année, il est député du Lac-Saint-Jean. En octobre, il se présente devant ses électeurs pour les élections générales fédérales. Réélu, il est nommé au ministère de l'Environnement. Après l'échec du lac Meech, le rapport Charest qu'il considère comme inacceptable et outrageant le décide à donner sa démission en mai 1990. Il se joint à plusieurs démissionnaires et fonde le parti du Bloc québécois. Aux élections fédérales de 1993, le Bloc québécois ramasse les deux tiers des sièges du Québec à la Chambre des communes et devient le parti de l'opposition officielle.

Après la signature de l'entente tripartite avec le Parti québécois et l'Action démocratique du Québec, Lucien Bouchard engage son parti dans la lutte référendaire. Comme il l'avait promis, il quitte le Bloc québécois après la défaite du OUI au référendum de 1995.

La même année, la démission de Jacques Parizeau l'amène sur la scène provinciale. Il est nommé à la chefferie du Parti québécois et sera premier ministre du Québec.

BOUGAINVILLE, Louis-Antoine de

Né le 11 novembre 1729 en Picardie (France). Il fait des études sur les langues anciennes et en sciences pures avant d'entreprendre ses cours de droit. En 1753, il fait du service dans l'armée avec le grade d'adjudant.

En 1755, il est nommé secrétaire de l'ambassade de France à Londres. Un an plus tard, il est choisi premier aide de camp de Montcalm et embarque avec lui pour la Nouvelle-France. Il participe à quelques campagnes contre les garnisons anglaises et assiste à la capitulation du fort anglais William Henry en 1757.

Il sert souvent de conciliateur entre Montcalm et M. de Vaudreuil qui s'entendent difficilement. En novembre 1758, il est envoyé comme émissaire en France afin de prévenir le roi de la menace anglaise en Nouvelle-France. Il revient le 10 mai 1759 avec un contingent de recrues.

Nommé aide-maréchal général des logis, il est promu colonel des troupes et chargé de commander un corps d'observation au-dessus de Québec. Là, un ordre contradictoire de M. de Vaudreuil l'empêchera d'aller prêter main-forte aux troupes de Montcalm. Il ne pourra qu'assurer la sécurité des soldats qui battent en retraite.

L'année suivante, il est chargé de présenter les termes de la capitulation de Montréal et d'assurer le rapatriement des soldats français en métropole. En France, il entre dans le service naval avec le grade de capitaine et reçoit la mission de coloniser les îles Malouines que le roi cédera plus tard aux Espagnols.

En 1766, il part à l'aventure. Il traverse l'océan Pacifique, visite les îles Salomon et retourne en France. Par la suite, il fera un récit de ce périple qui connaîtra un énorme succès. Il rapporte aussi un arbre fleuri auquel on donnera son nom (bougainvillier).

De 1778 à 1783, il participe à la guerre d'Indépendance américaine où il sert avec éclat. Après la paix, il reçoit un fauteuil à l'Académie française et en 1791, il est promu vice-amiral. Sous l'Empire, Napoléon le nomme sénateur, comte et chevalier de la Légion d'honneur. Il meurt à Paris le 31 août 1811.

BOURASSA, Henri

Né le 1er septembre 1868 à Montréal, il est le petit-fils du célèbre Louis-Joseph Papineau. Comme ce dernier, il s'intéresse à la politique et multiplie les contacts avec les élus de son comté. Après des études en communication, il devient journaliste. Il commence sa carrière politique à Papineauville et à la mairie de Montebello où il sera maire durant six années.

En 1896, il est élu député aux Communes auprès de Wilfrid Laurier. Il s'oppose à la contribution canadienne aux guerres de l'Empire britannique et donne sa démission le 18 octobre 1899. En 1900, il est réélu et siègera à Ottawa jusqu'en 1907 avant d'orienter sa carrière politique sur la scène provinciale un an plus tard. En 1910, il fonde le journal montréalais *Le Devoir* où il sera rédacteur en chef jusqu'en 1932.

En 1925, il se représente à Ottawa comme député indépendant dans le comté de Labelle. Il continue à s'opposer à l'ingérence militaire canadienne en Europe. Finalement, son influence retardera l'entrée en guerre du Canada durant le second conflit mondial.

Nationaliste convaincu, il défend les droits et les aspirations fondamentaux des Canadiens français et prône l'autonomie du Canada face à l'Empire britannique. Il préconise le biculturalisme et réclame pour les Canadiens français des droits égaux dans tout le pays. Opposé aux extrémistes québécois qui réclament l'indépendance du Québec, il préfère envisager la coexistence harmonieuse des deux cultures. Il s'oppose farouchement au capitalisme américain qu'il trouve trop déshumanisant. Écrivain engagé, il a laissé de nombreux écrits parmi lesquels les livres *Que devons-nous à l'Angleterre ?* et *Hier, aujourd'hui, demain* ont connu jadis un grand succès. Il meurt en 1952 des suites d'une courte maladie.

BOURASSA, Robert

Né à Montréal le 14 juillet 1933. Il fait ses études de droit et reçoit sa licence en 1957. En 1959, il obtient une maîtrise en sciences économiques et politiques de l'Université d'Oxford.

D'abord conseiller fiscal au ministère du Revenu national, il est ensuite professeur aux Universités d'Ottawa, Laval et de Montréal. Arrivé sur la scène politique, il est élu député de Mercier aux élections provinciales en 1966. Il conservera ce siège en 1970 et 1973.

En 1968, il doit faire face aux mouvements contestataires estudiantins. Le 17 janvier 1970, il gagne la course à la chefferie du Parti libéral et devient le plus jeune premier ministre du Québec. Il est également en charge des ministères des Finances et des Affaires intergouvernementales.

La même année, la Crise d'octobre lui fait prendre des décisions impopulaires. La Loi des mesures de guerre, imposée avec son accord par Ottawa, lui cause momentanément une baisse de popularité. Il met en marche le complexe hydroélectrique de la Baie-James, mais doit composer avec les partisans de la cause environnementale.

Durant ce mandat, son refus d'apposer sa signature à l'Accord constitutionnel de Victoria lui coûte une baisse de pouvoir chez les élus fédéraux, mais fait remonter sa cote chez les électeurs québécois. Il gagne ainsi les élections de 1973 avec une majorité jamais égalée, 102 sièges sur 110. En 1974, la hausse du prix du pétrole, l'augmentation du coût de la vie et le chômage grandissant ralentissent l'essor économique. Il institue le Régime de l'assurance-maladie et crée les centres locaux de services communautaires (C.L.S.C.)

En 1976, il cède le pouvoir au Parti québécois et perd son siège dans Mercier. Il délaisse alors la politique pour s'expatrier en Europe, mais revient pour soutenir la cause du NON à la campagne référendaire de 1980. En 1982, il est réélu à la tête du Parti libéral et gagne les élections de 1985.

Atteint d'un cancer, il continue malgré tout son mandat. En juillet 1989, son gouvernement tente de réduire les dépenses en contrôlant les bénéficiaires de l'aide sociale ; ce sera l'ère des « Boubous macoutes ». Puis il coupe dans les services de santé et de l'éducation. Son état de santé ne lui permettant plus d'assumer ses fonctions, il démissionne la même année. Il meurt à Montréal en octobre 1996.

BOURGET, Ignace

Né le 28 octobre 1799 à Saint-Joseph de Lévis, il suit les traces de son frère et entre au séminaire. Il devient professeur à Nicolet en 1818 avant d'être nommé secrétaire de monseigneur Lartigue qui l'élèvera à la prêtrise à l'Hôtel-Dieu quatre ans plus tard. En 1840, il devient le deuxième évêque de Montréal. Avec lui, le clergé et les institutions religieuses vont connaître un essor immense.

Après l'incendie de Montréal de 1852 qui détruit le palais épiscopal, plus de mille maisons et la cathédrale, il fera reconstruire cette dernière en s'inspirant des plans de Saint-Pierre de Rome. En 1858, il s'oppose vivement à la création de l'Institut canadien qu'il juge trop libéral. Il prend sa retraite en 1876. Nommé archevêque titulaire, il s'installe à Saint-Janvier, puis Sault-au-Récollet où il meurt le 8 juin 1885.

BOURLAMARQUE, François-Charles

Né en 1716 en France d'une famille originaire d'Italie, il choisit la carrière militaire et s'engage dans les troupes du roi. En 1756, le roi l'élève au grade de colonel puis de troisième commandant des troupes du Canada. Il arrive au pays le 15 mai de la même année et se voit confier les troupes du fort Frontenac par Montcalm. Il assiste ensuite à la capitulation du fort anglais de Chouaguen.

En 1757, il se rend au fort Carillon afin d'y préparer l'attaque du fort William Henry. Après la chute de ce dernier, il retourne à Québec pour prendre ses quartiers d'hiver. En 1758, il est de retour à Carillon. Il doit se battre avec les troupes de Montcalm et celles de Lévis contre les armées anglaises revenues dans les ruines de William Henry.

À la suite de la victoire, il est nommé brigadier général en février 1759. Il est alors chargé de freiner l'avance de l'armée d'Amherst venue exercer des représailles contre les Français et envahir la Nouvelle-France. Après la mort de Montcalm et la prise de Québec, il assiste Lévis pour tenter de reprendre la ville. À l'issue de la capitulation générale, il préfère retourner en France. Fait major-général le 19 février 1763, il reçoit le mandat de gouverneur de la Guadeloupe où il meurt en 1764.

BRIAND, Jean-Olivier

Né le 23 janvier 1715 à Plérin de Bretagne en France, il se dirige vers la prêtrise. Ordonné en 1739, il arrive en Nouvelle-France en 1741 pour servir de secrétaire à monseigneur Pontbriand. Sous le régime anglais, il se fait agréer à Londres comme vicaire de Québec et se fait consacrer à Blois (France).

Mais l'Angleterre ne pouvant se résoudre à reconnaître l'autorité pontificale sur son territoire ne lui reconnaît que le titre de surintendant de l'Église romaine à Québec. Il se montre très docile face aux exigences britanniques et obtient la parfaite obéissance de ses paroissiens. En 1775, il n'hésite pas à menacer d'excommunication quiconque oserait défier l'autorité anglaise. En 1784, il démissionne de son siège pour se retirer au Séminaire de Québec. Il meurt le 25 juin 1794.

C

CARTIER, George-Etienne

Né le 6 septembre 1814 dans le comté de Verchères, il reçoit l'enseignement primaire à domicile avant de poursuivre ses études secondaires au Collège des Sulpiciens de Montréal. Versé dans l'étude du droit, il est admis au barreau en 1835. En 1834, il penche en faveur des patriotes qui se rebiffent contre les anglophones et prend part à la bataille de Saint-Denis en 1837. Recherché, il doit aller se cacher chez un ami à Verchères alors que ses compagnons franchissent la frontière américaine.

Finalement, il les rejoint à Plattsburgh jusqu'à l'amnistie. Rentré au pays, il pratique sa profession dans une étude qu'il partage avec son frère. En 1847, il épouse Hortense Fabre qui lui donnera deux filles.

Le 7 avril 1848, il est élu député libéral réformiste par les électeurs de Verchères, poste qu'il occupera jusqu'en 1861. Dès 1855, il est nommé chef du Parti libéral-conservateur. Considéré comme l'un des « Pères de la Confédération », il s'oppose aux idées contestataires de Louis-Joseph Papineau et de ses vis-à-vis ontariens. Il préfère s'allier à John A. Macdonald du Haut-Canada.

Le Québec lui doit, entre autres, le pont Victoria, les lois sur l'éducation, les réformes du Code criminel, la réorganisation de la milice, l'adoption du régime fédéral et le chemin de fer Canadien Pacifique.

C'est justement à cause de ce fameux chemin de fer et du scandale qui s'en suit que George-Étienne Cartier est désavoué et contraint de quitter son poste. En 1868, il est nommé sir par la reine Victoria. Il meurt à Londres le 20 mai 1873 et sera enterré à Montréal le 13 juin suivant.

CHRÉTIEN, Jean

Né en 1934 à Baie-de-Shawinigan au sein d'une famille de dix-neuf enfants. À cinq ans, il entre au Jardin de l'Enfance de Shawinigan, tenu par les Dominicaines. Il continue à l'école du Sacré-Cœur de Baie-de-Shawinigan où il se révèle être un élève indiscipliné.

À cette époque, il souffre de surdité partielle dans une oreille et d'une paralysie d'un côté du visage. Il s'intéresse déjà à la politique et assiste aux discours des politiciens de l'époque.

Il fait ses études classiques au Collège de Joliette où il est pensionnaire. Il continue un peu plus tard au Séminaire Sainte-Marie de Shawinigan avant de retourner à Joliette où il délaisse ses études. Finalement, on le transfère au Séminaire Saint-Joseph de Trois-Rivières en 1952.

En 1955, il entreprend des études de droit à l'Université Laval où il consacre une partie de son temps à suivre les débats politiques des élus québécois. Il s'oriente définitivement vers le Parti libéral qu'il défend avec ferveur.

En septembre 1957, il épouse Aline Chaîné, une amie d'enfance qui lui donnera trois enfants. En 1959, il est reçu au barreau et se fait engager par une étude de Shawinigan.

En 1963, il se présente comme député de Saint-Maurice-Laflèche et remporte sa première élection. Il arrive la même année à Ottawa où son ambition et sa soif de pouvoir surmonteront rapidement ses petites lacunes. En 1967, il est nommé ministre sans-portefeuille attaché au ministère des Finances.

En 1968, il devient ministre du Revenu. Ses rapports avec les Québécois sont difficiles. Cela ne l'empêchera pas de se faire réélire aux élections de 1968. En 1969, il s'occupe alors des Affaires autochtones et du Développement du Nord Canada. Ses nouvelles propositions de réformes déplaisent aux Autochtones qui ne veulent pas être considérés comme des Canadiens, mais comme des Autochtones. À la tête de ce ministère, il apporte son concours à la création des parcs nationaux de l'Ouest et du Nord qui lui vaudront le surnom « d'Empereur du Nord ».

Durant l'été de la même année, il adopte un bébé amérindien de dix-huit mois. En 1971, il fait un voyage en Russie pour y étudier les pipelines du Nord. Après les élections de 1972, il demeure aux Affaires autochtones. Il se fera le défenseur des droits des autochtones sur le projet de la Baie-James, mais quittera son poste avant la signature finale de l'entente.

En 1974, il est promu au cabinet comme président du Conseil du Trésor. Il se montre intransigeant et dur sur les dépenses gouvernementales, cela lui vaudra le surnom de « Doctor No ».

En accord avec le premier ministre, il est un ardent défenseur du bilinguisme et des arts. Partisan d'une forme de décentralisation, il crée des milliers d'emplois à l'extérieur de la capitale nationale. Il s'installe momentanément au ministère de l'Industrie et du Commerce avant de s'impliquer en 1976 dans la lutte contre le séparatisme québécois aux côtés de Robert Bourassa. Au mois de septembre de la même année, il est nommé ministre des Finances, faisant de lui le premier Canadien français à occuper ce poste.

Lors des élections de 1979, il défend ardemment son projet de budget. Après la défaite de son parti, il se retrouve sur le banc de l'opposition pour sept mois. Affecté aux relations fédérales-provinciales, il engage la lutte contre les souverainistes.

La chute du gouvernement conservateur le ramène au pouvoir avec le poste de ministre de la Justice. Avec la victoire du NON au référendum québécois, il part en campagne à travers le pays pour négocier les réformes constitutionnelles promises par P. E. Trudeau.

En 1983, il est ministre de l'Énergie. L'année suivante, l'annonce du départ de P. E. Trudeau entraîne une course à la chefferie, mais il sera devancé par John Turner. En 1985, affecté aux Affaires extérieures, il est en mission en Asie du Sud lorsque les élections fédérales sont déclenchées. À son retour, il assiste à la défaite de son parti.

Durant les deux années suivantes, il s'intéresse à sa vie personnelle, fait fructifier ses entreprises et siège aux conseils d'administration de grandes compagnies. En 1990, il remporte finalement la course au leadership. En 1993, il est premier ministre du Canada.

CLARK, Joseph

Né le 5 juin 1939 à High River en Alberta. Il opte pour des études universitaires en histoire et obtient son diplôme à l'Université de l'Alberta. Il poursuit en sciences politiques à l'Université Dalhousie. Représentant des jeunes progressistes-conservateurs, il travaille activement pour les conservateurs albertains et auprès de Davie Fulton et Robert Stanfield à Ottawa.

De 1963 à 1965. Il est président national de la Fédération des étudiants progressistes-conservateurs. En 1972, il est élu député de Rocky Mountain et l'année suivante, il épouse Maureen McTeer. En 1976, il participe avec succès à la course à la chefferie conservatrice.

Lors des élections fédérales de 1979, son parti s'empare du pouvoir et Joe Clark devient le premier ministre d'un gouvernement minoritaire. Il prend plusieurs décisions impopulaires, comme privatiser Petro-Canada et l'application de la taxe de 18 ¢ qui lui vaudront la désapprobation des autres partis. En décembre, son gouvernement est renversé par un vote de censure pris après la présentation du budget Crosbie.

Aux élections de 1980, P. E. Trudeau et les libéraux en profitent pour lui reprendre le pouvoir. Entre 1980-1983, Joe Clark siège comme chef de l'opposition. Très actif, il retarde les projets constitutionnels de P. E. Trudeau. Au congrès conservateur du 23 juin 1983, il perd la course au leadership au profit de Brian Mulroney.

Après cette difficile défaite, il travaille au sein de son parti pour défendre la politique du contrôle des armements dans le monde. En 1984, il est nommé secrétaire d'État aux Affaires extérieures. Avec Brian Mulroney, il va connaître la disgrâce du Parti conservateur en 1993.

CLICHE, Robert

Né le 12 avril 1921 à Saint-Joseph-de-Beauce, il fait ses études classiques au Petit Séminaire de Québec. Il continue au Collège de Lévis, où il obtient son baccalauréat en philosophie. Il opte finalement pour le droit et s'inscrit à l'Université Laval en 1941.

En 1944, il est admis au barreau et s'engage dans la marine royale où il sera nommé officier deux ans plus tard. En 1945, il épouse l'écrivaine Madeleine Ferron qui lui donnera trois enfants. Ensemble, ils publieront: *Quand le peuple fait la loi* et *Les Beaucerons ces insoumis*.

En 1946, il revient pratiquer à Saint-Joseph-de-Beauce. En 1961, il est nommé conseiller de la reine et commence à enseigner le droit à l'Université Laval jusqu'en 1965. En 1963, il s'oriente vers la politique active après avoir été nommé président associé du Nouveau parti démocratique. L'année suivante, il devient le chef de l'aile québécoise. En 1965, il est battu dans la Beauce et dans Montréal en 1968.

De retour à la pratique du droit, il sera président de la Commission Cliche chargée de faire la lumière sur les libertés syndicales. Homme généreux et orateur de talent, il s'engage auprès de diverses associations à caractère culturel et social.

En 1972, il devient juge en chef adjoint de la Cour du Québec. En 1978, il accepte d'être le porte-parole de l'année du français et y investit son ardeur et son dévouement habituels. Il meurt le 15 septembre 1978 et sera décoré de l'ordre de la Pléiade à titre posthume.

Plus tard, la Fondation Robert-Cliche, chargée de la conservation du patrimoine beauceron, rappellera sa fidélité envers les gens de la Beauce.

CRAIG, James Henry

Né à Gibraltar en 1748, il embrasse tôt la carrière militaire. En 1763, il entre dans les troupes anglaises en qualité d'enseigne et devient capitaine en 1771. En 1774, il arrive en Amérique et passe au Canada deux ans plus tard où il participe à la bataille de Ticondéroga avant de se battre contre des pirates américains.

En 1797, il est décoré chevalier de l'ordre du Bain et part servir aux Indes puis en Italie et en Sicile. Le 29 août 1807, il est major général et nommé gouverneur du Canada. Un mois après son arrivée, il resserre la discipline et réorganise l'armée. Son mandat sera difficile pour les Canadiens français et portera le nom de « régime de la terreur ».

Le 14 juin 1808, il destitue les propriétaires du journal francophone *Le Canadien*. Devant le mécontentement de l'électorat canadien-français, il provoque la dissolution de l'Assemblée législative. Plus tard, après avoir dissous le Parlement, il fait emprisonner l'éditeur du journal *Le Canadien* et ses trois propriétaires. Voulant réduire davantage le pouvoir des Canadiens français, il préconise une Chambre anglaise et aristocratique. Il désire également contrôler l'éducation, soumettre l'Église et uniformiser la langue. Inquiété par ces mesures, Londres condamne son attitude et l'oblige à relâcher ses prisonniers.

Cette dernière rebuffade finit par attaquer sa santé et il doit rentrer en Angleterre en 1811 où il meurt un an plus tard. Montréal lui a donné un nom de rue que lui enlèvera Jean Drapeau.

D

DESBIENS, Jean-Paul

Né à Métabetchouan au Lac-Saint-Jean le 7 mars 1927. C'est là qu'il fait ses premières années d'étude avant d'entrer chez les frères Maristes. Il fait son cours classique à Chicoutimi où il sera professeur quelques années plus tard.

En 1960, il est l'auteur du fameux ouvrage *Les insolences du Frère Untel* qui obtient un énorme succès. Il y dénonce la médiocrité du système éducatif de l'époque au moment où la Révolution tranquille des libéraux s'étend sur tout le Québec.

En 1961, il est envoyé en Europe pour y étudier la théologie et la philosophie. De retour en 1964, il entre au ministère de l'Éducation où il s'attache à réformer l'enseignement. En 1970, il est journaliste à *La Presse* où il signe l'éditorial, mais le manque d'intérêt des lecteurs lui fait délaisser le journalisme. En 1972, il devient directeur d'école tout en continuant à écrire pour différentes publications.

DESJARDINS, Alphonse

Né à Lévis le 5 novembre 1854, et fils de François, dit Desjardins et de Marie-Clarisse Miville, dit Deschênes. Il fait ses études primaires et collégiales à Lévis. Il écrit pour les journaux *l'Écho de Lévis* et plus tard *Le Canadien*. En 1879, Alphonse Desjardins publie les débats gouvernementaux québécois. La même année, il épouse Dorimène Desjardins qui lui donnera dix enfants.

En 1891, il fonde son propre quotidien, l'*Union canadienne*, mais l'abandonne un peu plus tard. Jusqu'en 1917, il occupe le poste de rapporteur officiel des débats de la Chambre des communes à Ottawa. Afin de lutter contre les taux usuraires, il pense à fonder la première Caisse populaire à Lévis. Il ne pourra achever son œuvre, car il meurt subitement le 31 octobre 1930. Sa femme lui succèdera et concrétisera son rêve.

DIEFENBAKER, John George

Né le 18 septembre 1895 à Neustadt en Ontario d'un père hollandais et d'une mère écossaise. Il fait ses études dans la région de fort Carlton (Territoire-du-Nord-Ouest) avant d'entreprendre des cours de droit. Il sert dans l'armée durant la Première Guerre mondiale et obtient finalement son diplôme de l'Université de la Saskatchewan en 1919. Il commence à pratiquer à Wakaw, mais décide de s'installer à Prince Albert en 1924.

En 1925, il s'intéresse à la politique et se présente comme député fédéral dans Prince Albert. Puis il s'oriente sur la scène provinciale tout en tentant vainement d'accéder à la mairie de Prince Albert.

En 1929, il est nommé conseiller du roi et poursuit sa profession d'avocat en continuant de s'occuper de politique. La même année, il épouse Edna MacBower qui mourra en 1951. En 1936, il retourne à la politique active et se propulse à la tête du Parti conservateur de la Saskatchewan, mais perd les élections de 1938.

Deux ans plus tard, il est député fédéral conservateur de Lake Centre et sera réélu en 1945, 1949 et 1953. C'est durant cette dernière année qu'il épouse Olive Freeman Palmer qui jouera un grand rôle dans sa vie politique.

Chef du Parti progressiste-conservateur en 1956, il gagne les élections fédérales de juin 1957 et devient premier ministre du Canada. Il s'occupe activement des réformes agricoles qui apporteront la prospérité des plaines de l'Ouest. En 1960, il fait adopter la Déclaration canadienne des droits, accorde le droit de vote aux autochtones et apporte l'aide gouvernementale aux démunis.

En 1961, il combat vigoureusement l'apartheid et provoque le retrait de l'Afrique du Sud du Commonwealth. Il amorce la vente de céréales à la Chine et continue d'entretenir des relations avec Cuba malgré les réserves des États-Unis.

En 1962, on lui reproche ses tendances antiaméricaines et les libéraux profitent d'une crise économique pour prendre le pouvoir aux élections de 1963. Même s'il est très actif dans l'opposition, son leadership est considérablement contesté. Il cède sa place à Robert Stanfield, mais sera réélu député et siègera jusqu'en 1979. Il meurt à Ottawa le 16 août 1979 où on lui fait des obsèques nationales d'envergure.

DORCHESTER, Guy Carleton, lord

Né à Strabane (Irlande du Nord) le 3 septembre 1724. En 1742, il est reçu comme enseigne dans un régiment d'infanterie. Lieutenant en 1751, on le choisit comme instructeur militaire du fils du duc de Richmond.

Très lié au général Wolfe, ce dernier le fait entrer dans son état-major en 1759. Il participe au siège de Québec et le 13 septembre 1759, il se fait blesser sur les plaines d'Abraham. De retour en Angleterre, il est promu colonel et se couvre de gloire au siège de La Havane, en 1763.

Le 7 avril 1766, il est nommé lieutenant-gouverneur de Québec, où il agit en qualité de gouverneur en l'absence de Murray. En 1768, il est gouverneur du Canada. Il se montre respectueux des coutumes, des lois, des traditions et des mœurs des Canadiens français. Son attitude déplaît à son entourage et il doit aller plaider la défense de ses idées à Londres en compagnie du Canadien français François-Joseph Cugnet. Durant deux ans, un comité se penche sur la préparation de l'Acte de Québec qui va assurer la survie des francophones et de toute la colonie.

Le 25 mai 1772, il épouse Maria Howard qui lui donnera onze enfants. En 1774, il est de retour à Québec. Malgré l'annonce d'une incursion américaine prochaine sur Montréal, il se rend sur les lieux et proclame la loi martiale. Puis il s'occupe des fortifications, met sur pied des milices provinciales et invite les Autochtones amis à prendre les armes avant de repartir pour Québec.

Il nomme les membres du Conseil législatif, soit treize Anglais et huit Canadiens et tient la première réunion le 17 août 1775. En apprenant la nouvelle que les Américains ont envahi le pays par le lac Champlain, il s'empresse de se rendre à Montréal. Impuissant à défendre Saint-Jean, il ne peut empêcher Montgomery de prendre Chambly et tout le stock de munitions.

Il retourne à Québec afin de s'assurer la loyauté des Canadiens et de leurs milices. Grâce à eux, il fait échouer l'invasion américaine, mais doit ensuite faire face à un climat d'incertitude lorsque la France décide d'intervenir dans la guerre d'Indépendance américaine.

Toujours en conflit d'opinions avec certains de ses conseillers, il demande finalement son rappel et quitte Québec en juillet 1778. Pour ses bons et loyaux services, il est reçu chevalier de l'ordre du Bain et nommé commandant en chef en Amérique du Nord jusqu'à la fin des hostilités.

En 1786, il est à nouveau choisi comme gouverneur du Canada et est fait pair d'Angleterre avec le titre de lord Dorchester. De retour à Québec le 23 novembre de la même année, il tente de mettre fin aux divisions en s'attaquant aux problèmes juridiques et constitutionnels de la colonie.

En 1790, il refuse le plan de réforme de la constitution proposé par le ministre des Colonies et part en débattre à Londres un peu plus tard. Devant une nouvelle menace américaine, il revient à Québec le 23 septembre 1793 pour ouvrir la deuxième session de la législature du Bas-Canada. Il s'empresse d'y soumettre un projet de réorganisation militaire qui sera refusé par Londres.

Désabusé, il quitte Québec le 12 juillet 1796 dans la consternation générale. Son navire fait naufrage à Anticosti et les passagers, tous sains et saufs, reprennent un bateau à Gaspé pour l'Angleterre. Il prend sa retraite à Stubbings à l'ouest de Londres où il meurt le 10 novembre 1808.

DUMONT, Mario

Né à Cacouna, près de Rivière-du-Loup. Il fait ses études en économie et reçoit son diplôme de l'Université Concordia. En 1986, il fait son entrée en politique et deux ans plus tard, il est élu représentant à l'exécutif de la Commission-Jeunesse du Parti libéral pour la région du Bas-Saint-Laurent. Plus tard, il devient coordonnateur aux affaires politiques de la Commission-Jeunesse et siège à de nombreux comités de son parti.

En mars 1991, il est élu à la présidence de la Commission-Jeunesse au moment même où le Parti libéral adopte le rapport Allaire comme plate-forme constitutionnelle. Il occupe ce poste jusqu'à l'automne 1992.

Lors du référendum sur l'entente de Charlottetown en octobre 1992, il choisit de respecter la position des jeunes libéraux et fait campagne du côté du NON à titre de coprésident du Réseau libéral pour le NON.

À l'hiver 1993, il devient président fondateur du forum Option-Jeunesse et est invité à siéger au groupe Réflexion-Québec. En 1994, il participe à la fondation du parti de l'Action démocratique du Québec. Au mois d'avril suivant, il succède à Jean Allaire et devient chef de ce nouveau parti.

Aux élections générales provinciales de septembre 1994, il est député de Rivière-du-Loup. Signataire de l'entente tripartite du 12 juin 1995, il fait campagne au sein du camp du Changement lors du référendum d'octobre 1995. Marié et jeune père de famille, il consacre ses énergies à la promotion du programme de l'Action démocratique du Québec.

DUPLESSIS, Maurice

Né le 20 avril 1890 à Trois-Rivières. Il étudie au Collège Notre-Dame de Montréal puis au Séminaire de Trois-Rivières. Il choisit les études de droit et reçoit sa licence en 1913. Durant la Première Guerre mondiale, il sert dans la milice à Trois-Rivières avant d'y exercer sa profession d'avocat.

Rapidement, il s'oriente vers la politique et tente de se porter candidat conservateur aux élections générales de 1923. Élu député du comté de Trois-Rivières aux élections de 1927, il conservera son siège durant les huit élections suivantes.

Le 4 octobre 1933, il remporte la course au leadership du Parti conservateur, mais se heurte aux restrictions conformistes de certains députés. En 1935, il décide de fonder l'Union nationale et sous cette bannière, il mène une enquête acharnée sur l'administration libérale. Ceci provoque la chute du gouvernement et aussi les élections de 1936 qu'il remporte avec une très forte majorité.

Devenu premier ministre, il fait adopter plusieurs lois importantes qui avantagent particulièrement les agriculteurs. Il s'intéresse aussi à l'éducation, mais refuse l'aide fédérale en la matière.

Tout au long de ses mandats, Maurice Duplessis se montre un ardent défenseur de l'autonomie québécoise. Il s'oppose farouchement à toutes les ingérences fédérales dans les affaires de la province. Souvent accusé d'acheter ses élections à coup de réfrigérateurs ou de constructions de routes, il n'hésite pas également à faire usage de favoritisme et de patronage qui lui attireront de nouveaux adhérents.

Homme controversé, il mène une vie de célibataire endurci et assez houleuse. En 1939, il s'attaque à la conscription envisagée par le gouverneur fédéral. En 1941, il est atteint de diabète et contracte une pneumonie sévère. Après avoir récupéré, il améliore sa conduite et remporte les nouvelles élections de 1944.

En 1947, il est le premier premier ministre provincial à lever un impôt sur les sociétés. Il se montre intransigeant envers les syndicats des mines en grève. En 1948, il fait adopter le drapeau québécois et supplante les autres provinces par la générosité et l'efficacité de ses mesures sociales et économiques. Il utilise le clergé et les congrégations religieuses à bon compte pour fournir à la population les soins hospitaliers et l'enseignement.

En 1954, il étend l'impôt aux particuliers et depuis cette date le Québec reste la seule province à produire deux déclarations fiscales. Considéré comme despote par les uns et bienfaiteur par les autres, Maurice Duplessis demeure l'un des personnages politiques les plus colorés et les plus discutés de l'histoire du Québec.

Il meurt subitement au mois de septembre 1959 en laissant à son successeur, Paul Sauvé, la lourde tâche de gérer la province à l'aube de profonds changements.

DURHAM, John George Lambton, lord

Né le 12 avril 1792 en Angleterre, il termine ses études dans le prestigieux collège Eton en 1809. Il s'engage dans le régiment des Dragons durant deux ans. En 1812, il épouse Harriet Cholmondeley.

Élu député, il est fait baron de la ville de Durham avant d'entrer au Conseil privé en 1830 avec le titre de lord de la Chancellerie. Ensuite, il va être ambassadeur en Russie, en Prusse et en Autriche. Le 27 juin 1837, il est élevé au titre de grand-croix de l'ordre du Bain.

L'année suivante, il est gouverneur du Canada jusqu'au mois de novembre. Il donne l'amnistie à certains patriotes alors en exil, mais ferme la frontière à Papineau et à ses compagnons. Dans un rapport qui porte son nom, il se met les francophones à dos en prétendant que les Canadiens français sont un peuple inférieur.

Il s'intéresse au projet de Confédération canadienne après avoir chargé une commission d'étudier les questions agricoles, éducatives et municipales. Critiqué et menacé de rappel par Londres, il préfère finalement donner sa démission.

De retour en Angleterre, *The Times* publie en 1839 son « Mémoire » sur le Canada. Il meurt le 28 juillet 1840 à Cowes sur l'île de Wight à proximité de la côte anglaise.

G

GODBOUT Joseph-Adélard

Né le 24 septembre 1892 à Saint-Éloi près de Témiscouata au Québec. Il fait ses études au Séminaire de Rimouski puis à l'École d'agriculture de Sainte-Anne-de-la-Pocatière et au Massachusetts Agricultural College aux États-Unis. Il deviendra docteur ès sciences agricoles des Universités de Montréal et Laval puis docteur en droit « honoris causa » des Universités McGill et de Montréal.

En 1918, il enseigne à Sainte-Anne-de-la-Pocatière. En 1929, il est élu député libéral provincial de L'Islet. Le 11 juin 1936, il succède à Alexandre Taschereau et devient premier ministre du Québec. Un an plus tard, il remporte la course à la chefferie. Réélu aux élections d'octobre 1939, il occupe le siège de premier ministre jusqu'en 1944. Durant son mandat, il crée une hydroélectricité québécoise, accorde le droit de vote aux femmes et rend l'école obligatoire et gratuite. Il réclame en vain le pouvoir du Québec sur la radio.

Défait aux élections de 1944, il retourne à l'enseignement universitaire et sera nommé professeur honoraire de la faculté d'agriculture de l'Université Laval et commandeur de l'Ordre du mérite agricole de France. En 1949, il est nommé au Sénat. Il meurt en 1956.

GOSFORD, Archibald Acheson, lord

Né le 1er août 1776 en Irlande du Nord. Il fait ses études à Oxford (Angleterre) où il obtient une maîtrise ès arts. En 1797, il est élu député aux Communes et se fait nommer lord lieutenant.

En 1805, il épouse Mary Sparrow à Londres. Nommé pair d'Irlande de 1811 à 1849, il est fait baron en 1835. Durant la même année, il est appelé à occuper la charge de gouverneur du Canada jusqu'en 1838.

Malgré ses bonnes intentions, il ne peut s'attirer la confiance des députés francophones qui ont pris connaissance des projets secrets aliénants de la couronne d'Angleterre. En 1837, les troubles éclatent et conduisent à la guerre civile. Suivent des confrontations sanglantes, des interventions armées gouvernementales, des arrestations et la défaite des patriotes. Lord Gosford réprime cruellement les insurgés et demande à retourner dans sa mère-patrie le 20 février 1838.

De retour en Angleterre, il est nommé vice-amiral de l'Ulster et fait grand-croix de l'ordre du Bain. Il meurt le 27 mars 1849 à sa résidence de Market Hill en Irlande du Nord.

J

JOHNSON, Daniel père

Né à Sainte-Anne de Danville le 9 avril 1915, il s'intéresse très tôt à la politique. Lors des élections partielles du 18 décembre 1946, il est élu député de l'Union nationale à l'Assemblée législative dans le comté de Bagot et sera réélu en 1948, 1952, 1956, 1960, 1962 et 1966.

Du 1er janvier au 15 décembre 1955, il est nommé adjoint parlementaire du président du Conseil exécutif et orateur suppléant du 15 décembre 1955 au 30 avril 1958. Il est ministre des Ressources hydrauliques dans les cabinets de Duplessis, Sauvé et Barrette jusqu'au 5 juillet 1960.

En 1961, il est élu chef de l'Union nationale et tient l'opposition jusqu'en 1966. Le 16 juin 1966, son parti remporte les élections et il devient premier ministre du Québec. Il cumule le ministère des Richesses naturelles puis celui des Affaires fédérales-provinciales et enfin celui des Affaires intergouvernementales.

Il est fasciné par le développement scientifique et technologique du Québec. Il désire achever l'œuvre de son prédécesseur et pour y parvenir avec succès, il conserve près de lui les têtes pensantes du Parti libéral : Jacques Parizeau, Michel Bélanger et Claude Morin. Il meurt subitement à Manic-5 le 26 septembre 1968.

JOHNSON, Daniel fils

Né à Montréal le 24 décembre 1944, il est le fils du précédent. Il fait ses études de droit à l'Université de Montréal en 1966 et est admis au barreau du Québec en 1967. En 1968, il fait une maîtrise en droit à l'Université de Londres où il complète un doctorat en 1971. Il continue à l'Université Harvard à Boston où il obtient un M.B.A. en 1973.

Il commence sa carrière à la société Power Corporation du Canada où il pratique le droit comme secrétaire. De 1978 à 1981, il est nommé vice-président de la même compagnie. En même temps, il s'implique au sein des conseils d'administration et des comités exécutifs de différents organismes communautaires.

Dès 1978, il s'intéresse à la politique et se fait élire à l'Assemblée nationale en 1981 comme député de Vaudreuil-Soulanges. Sur le banc de l'opposition officielle, on lui confie les dossiers de l'industrie et du commerce et plus tard ceux des finances. En 1983, il participe sans succès à la course à la chefferie libérale.

Aux élections de 1985, il est réélu dans Vaudreuil-Soulanges et son parti reprend le pouvoir aux péquistes dont le chef était alors son frère. Il est nommé ministre de l'Industrie et du Commerce et leader adjoint du gouvernement. Un peu plus tard, il est ministre délégué à l'Administration et président du Conseil du trésor à compter de juin 1988.

En 1989, les libéraux conservent le pouvoir. Réélu dans son comté, il conserve son poste et se voit également nommé ministre responsable de la région de Montréal tout en siégeant à différents comités. Le 14 décembre 1993, après la démission de Robert Bourassa, il prend la tête du Parti libéral et devient officiellement premier ministre le 11 janvier 1994 sans qu'il y ait de course au leadership.

Aux élections de la même année, il retourne à l'opposition officielle et fait face au Parti québécois. Il démissionne de son poste en mars 1998. Il est marié à Suzanne Marcil qui lui a donné deux enfants.

JOHNSON, Pierre-Marc

Né à Montréal le 5 juillet 1946, il est le fils de l'ex-premier ministre québécois, Daniel Johnson et frère du précédent. Il fait ses études au Collège Jean-de-Brébeuf avant d'entrer à l'Université de Montréal où il fait des études en sciences politiques et en droit. Reçu au barreau, il poursuit ses études en médecine et sera diplômé en 1975.

Homme brillant et engagé, il joue un rôle actif dans diverses associations étudiantes. Il pratique la médecine durant une année avant de se lancer en politique. En 1976, il se présente comme candidat du Parti québécois dans le comté d'Anjou.

Entre 1977 et 1985, il est tour à tour ministre du Travail, de la Main-d'œuvre, des Consommateurs, des Coopératives et des Institutions financières, des Affaires sociales et des Relations intergouvernementales.

En 1977, il est membre de l'exécutif du Parti québécois et chargé de la campagne de financement. Il est le père de la loi 45 ou loi anti-briseur de grève. En 1985, il s'intéresse à la démarche constitutionnelle du Québec et présente les exigences de la province au gouvernement fédéral sous le thème de « L'affirmation nationale ». Après le départ de René Lévesque, il gagne la course à la chefferie, mais perd les élections aux mains des libéraux de Robert Bourassa. Réélu député d'Anjou, il siégera dans l'opposition jusqu'en 1994.

L

LABELLE, Antoine

Né à Sainte-Rose le 24 novembre 1834. Après ses études classiques au Collège de Sainte-Thérèse, il entre au séminaire. Ordonné prêtre en 1850, il est nommé vicaire au Sault-au-Récollet et à Saint-Jacques-le-Mineur.

En 1860, il est curé à Saint-Antoine, à Lacolle et enfin à Saint-Jérôme de 1868 à 1891. Estimé par la population, il favorise l'implantation des colons et la croissance des familles. Il est surnommé le « roi du Nord » et donnera son nom au comté où il a travaillé. En 1888, le gouvernement Mercier le nomme sous-ministre de l'Agriculture et de la Colonisation. En 1889, le pape l'élève au rang de protonotaire apostolique. Il meurt le 4 janvier 1891 et sera enterré à Saint-Jérôme.

LA FONTAINE, sir Louis-Hyppolyte

Né le 4 octobre 1807, il perd son père à l'âge de sept ans. Il fait ses études secondaires au Collège des Sulpiciens de Montréal. En 1825, il entreprend son cours de droit et est admis au barreau trois ans plus tard. Cependant, il s'intéresse à la politique et se fait élire député de Terrebonne pour deux mandats.

Solidaire de Papineau, il n'hésite pas à endosser la tenue des patriotes et s'oppose à lord Gosford. Le 17 décembre 1837, il est obligé de se sauver et gagne Londres, puis Paris. De là, il fera pression sur lord Durham et rentrera au pays en mars 1838.

À peine arrivé, il est jeté en prison, mais sera vite libéré faute de preuves. Le gouverneur l'éloigne du comté de Terrebonne, mais il est élu dans le comté de York au Haut-Canada de 1841 à 1844. Le nouveau gouverneur du Canada lui demande alors de former une administration pour le Bas-Canada où il devient premier ministre et procureur général de la province après s'être représenté à Terrebonne et ensuite à Montréal.

Il réclame l'amnistie des exilés politiques, le rétablissement de la langue française au Parlement et des indemnités pour les victimes de la Rébellion de 1837. Cette dernière exigence entraîne le vote des députés et une émeute des orangistes qui mettent le feu au bâtiment. Du même coup, la maison de La Fontaine est mise à sac et il sera victime d'un assaut meurtrier. Durant quatre mois, Montréal vivra dans la terreur et La Fontaine échappera de justesse à un nouveau complot.

En 1852, il quitte la politique. Un an plus tard, il est nommé juge en chef de la cour du Banc de la reine. En 1854, la reine d'Angleterre lui confère le titre de baronnet du Royaume-Uni, le premier titre de sir à être décerné à un Canadien d'origine française.

En 1862, il fait une attaque d'apoplexie suivie d'une récidive le 25 février 1864 qui entraîne sa mort le lendemain.

LAPALME, Georges-Emile

Né à Montréal le 14 janvier 1907. Après avoir choisi la carrière politique, il se présente sous la bannière libérale à la Chambre des communes en 1945. Élu député dans Joliette-L'Assomption, il se présentera en 1953 dans la circonscription d'Outremont et siégera cette fois à l'Assemblée législative du Québec jusqu'en 1966.

En juillet 1960, il est nommé par Jean Lesage vice-premier ministre et procureur général. Membre actif de ce que l'on a appelé « l'équipe du tonnerre », il participe à la Révolution tranquille en mettant en place le ministère des Affaires culturelles du Québec. À la suite de la prise du pouvoir par l'Union nationale en 1966, il se retire de la vie politique et présidera la Commission des Biens culturels. Écrivain de talent, il publiera ses mémoires en 1973.

LAURIER, Wilfrid

Né le 20 novembre 1841 à Saint-Lin, il perd sa mère à l'âge de quatre ans et est élevé par sa belle-mère. Il fait ses études primaires à Saint-Lin puis à New Glasgow dans le comté de Terrebonne pour apprendre l'anglais.

En 1854, il s'inscrit au Collège de l'Assomption et entreprend l'étude du droit à l'Université McGill de Montréal. Durant ses études, il collabore au journal l'*Union Nationale* et au *Défricheur* dont il deviendra le propriétaire.

En 1868, il se marie, mais n'aura pas d'enfant. En 1871, il plonge en politique et se fait élire député libéral de son comté. En 1874, il est promu conseiller de la reine et nommé aux Communes où il est chargé du Revenu de l'Intérieur.

En 1887, il est choisi chef du Parti libéral du Canada. Le 13 juillet 1896, Wilfrid Laurier devient finalement premier ministre du Canada et s'attribue la présidence du Conseil privé. Il travaille à faire respecter les droits des francophones du Manitoba et règle le problème des tarifs commerciaux.

En 1898, il s'intéresse aux pêcheries de la mer de Béring avant de prendre la décision de l'intervention du Canada auprès de l'Angleterre dans la guerre sud-africaine. Son gouvernement participe à la construction du chemin de fer transcontinental.

En 1904, le Parti libéral est réélu avec une forte majorité. Deux ans plus tard, il crée le ministère du Travail et en 1908 le système des pensions de vieillesse. En 1908, Laurier est reporté au pouvoir. En 1909, il fonde la marine canadienne. Mais la grogne des fermiers de l'Ouest en conflit avec leurs collègues américains, et celle des francophones qui s'opposent à la contribution militaire du Canada dans les guerres de l'Empire britannique, renverse le gouvernement libéral de Wilfrid Laurier. Il donne alors sa démission le 21 septembre 1911.

Il siège comme chef de l'opposition jusqu'en 1919. Le 16 février de la même année, il est victime d'une embolie cérébrale qui entraînera sa mort le lendemain.

LESAGE, Jean

Né à Montréal le 10 juin 1912, il fait ses études à Montréal puis à Québec où il opte pour le droit à l'Université Laval. En 1939, il est nommé procureur de la Couronne, mais un an plus tard, il quitte ce mandat pour se consacrer entièrement à la politique.

En 1945, il est élu député libéral fédéral dans le comté de Montmagny-L'Islet où il sera réélu en 1949, 1953, 1957 et 1958. En 1950, il devient l'adjoint parlementaire au secrétaire d'État aux Affaires extérieures et il est envoyé comme délégué du Canada à l'assemblée générale de l'ONU à New York.

En 1953, il est nommé ministre des Ressources et du Développement économique. Un peu plus tard, il décroche le portefeuille des Ressources nationales qu'il conserve jusqu'en 1957.

Le 13 juin 1958, il démissionne de son poste après avoir remporté la course à la chefferie du Parti libéral du Québec. En 1960, il est député de Québec-Ouest puis premier ministre et ministre des Finances du Québec au mois de juillet de la même année jusqu'au 16 juin 1966.

De 1960 à 1966, il occupe aussi les postes de ministre des Affaires fédérales-provinciales, du Revenu et il est député de Louis-Hébert.

En 1966, son parti perd les élections et il se retrouve sur le siège de l'opposition jusqu'à sa démission comme chef de son parti en janvier 1970. Il meurt à Québec le 12 décembre 1980.

LÉVESQUE, René

Né à New Carlisle le 24 août 1922. En 1944, il choisit la carrière de journaliste et devient correspondant de guerre en Europe pour les forces armées américaines. En 1946, il entre à Radio-Canada où il travaille au service international avant de prendre la direction de l'équipe de reportages radiotélévisés en 1952.

En 1960, approché par le Parti libéral de Jean Lesage, il se fait élire dans la circonscription de Montréal-Laurier. Nommé ministre des Ressources hydrauliques et des Travaux publics, il passe un peu plus tard au ministère des Richesses naturelles.

En 1966, il devient ministre de la Famille et du Bien-être social et s'attire l'admiration et le respect de tous les élus. Il est le principal artisan de la nationalisation de l'électricité et il s'efforce d'assurer la transparence des décisions gouvernementales.

Petit à petit, l'orientation fédéraliste de son chef provoque des discussions et des dissensions. Opposé au processus fédéral sur le rapatriement de la Constitution, il quitte le Parti libéral et continue son mandat comme indépendant.

En 1967, il fonde le Mouvement souveraineté-association qui prendra le nom de Parti québécois en 1968. Se ralliant une équipe d'indépendantistes convaincus, il amasse 24 % des votes aux élections provinciales de 1970 tout en perdant son siège.

En 1973, son parti occupe les sièges de l'opposition avec 30 % des votes, mais il est défait une deuxième fois dans la circonscription de Laurier-Dorion. Élu dans Taillon en 1976, il accède finalement au pouvoir avec 76 députés.

Cette victoire surprend et dérange les autres provinces et plus encore les élus fédéraux. Après l'application de la loi 101, le système « sans faute » de l'assurance-automobile, l'abolition des caisses électorales et le zonage agricole, il respecte son engagement électoral et propose la souveraineté-association par voie de référendum.

Défendus par le journaliste Claude Ryan, les partisans du NON reçoivent l'aide inespérée du premier ministre du Canada P. E. Trudeau. Le 20 mai 1980, René Lévesque subit la défaite référendaire avec seulement 40 % des votes amis, son gouvernement est cependant réélu en 1981. En accord avec les autres partis, il refuse de signer l'entente sur le rapatriement de la Constitution.

Préoccupés par une nouvelle crise économique, les Québécois délaissent les options politiques de René Lévesque et ce dernier décide de mettre de côté son projet de souveraineté-association pour suivre le « Beau risque » proposé par Brian Mulroney. Cette décision provoque des mécontentements au sein du parti et il préfère donner sa démission après les élections de 1985.

En 1986, il publie ses mémoires qui se vendront à plus de 100 000 exemplaires. Victime d'un infarctus en 1987 à Montréal, il reçoit l'hommage de tous les Québécois qui avaient vu en lui le véritable « père de l'indépendance du Québec ».

M

MACDONALD, John Alexander

Né à Glasgow (Angleterre) le 11 janvier 1815, il arrive au Canada cinq ans plus tard. Sa famille s'établit à Kingston, où il fait ses études primaires. À l'âge de quinze ans, il travaille avec l'avocat George Mackenzie qui l'envoie dans son second bureau de Napanee. C'est là que Macdonald fait ses premières armes en droit avant de prendre en charge une étude à Picton.

En 1836, il est admis au barreau du Haut-Canada et ouvre son propre bureau à Kingston. Attiré par la politique, il est élu conseiller municipal et en 1844, député à la Chambre. Il poursuit son mandat politique comme membre de l'exécutif et solliciteur général du Haut-Canada jusqu'en 1858.

En 1847, il se marie avec sa cousine Isabella Clark avec laquelle il aura deux fils, John Alexander, décédé à l'âge de deux ans, et Hugh John, futur premier ministre du Manitoba.

Père de la Confédération, il s'installe à Ottawa en 1865 où siège désormais le gouvernement. Il devient conseiller de la reine et premier ministre du premier gouvernement fédéral jusqu'en 1873. Le scandale du chemin de fer Canadien Pacifique l'oblige à démissionner, mais le 17 octobre 1878, il reprend le pouvoir jusqu'à sa mort le 6 juin 1891.

MACKENZIE King, William Lyon

Né le 17 décembre 1874 en Ontario.

En 1895, il est diplômé de l'Université de Toronto et poursuit des études en économie à Chicago et à Harvard. Il œuvre comme journaliste à Toronto avant de s'intéresser activement à la politique.

En 1900, il est nommé sous-ministre fédéral du nouveau ministère de la Main-d'œuvre. Il légifère la Loi des enquêtes en matière de différends industriels. Désormais, un conseil d'arbitrage facilite la conciliation et aide à réduire les grèves et les lock-out.

En 1909, il est élu député libéral de North York et devient ministre de la Main-d'œuvre. Il perd les élections de 1911 et de 1917, mais demeure actif au sein du Parti libéral. En 1919, il gagne facilement la course au leadership et succède à Laurier.

En 1921, son parti accède à la tête du pays et il devient premier ministre dans un gouvernement minoritaire. En 1926, il est renversé par les conservateurs qui ne demeureront que quelques jours en place et permettront à MacKenzie King de reprendre le pouvoir avec l'aide des progressistes.

Durant ce mandat, il réussit à faire baisser la dette fédérale et se contente de mettre en place un plan de pension de vieillesse. Il favorise une plus grande autonomie du Canada face à l'Angleterre et s'implique à définir le statut du Dominion à la Conférence de l'Empire britannique de 1926.

La crise de 1930 lui fait perdre le pouvoir au profit des conservateurs. Dans l'opposition, il se montre un adversaire redoutable. Il propose une réduction des barrières douanières et accuse son successeur de ne pas respecter ses promesses électorales.

En 1935, il reprend son siège de premier ministre et aux élections de 1940, il accroît sa majorité. Malgré sa promesse électorale, il finit par imposer la conscription après avoir reçu l'absolution des ministres provinciaux.

Pour rassurer les soldats, il met en place des mesures sociales afin de faciliter leur retour au pays. En 1945, il remporte les élections de justesse et trois ans plus tard il démissionne de son poste de premier ministre. Il meurt à Ottawa le 22 juillet 1950.

MERCIER, Honoré

Né le 14 octobre 1840 à Sabrevois près d'Iberville dans un milieu de patriotes, il fait ses études au Collège Sainte-Marie de Montréal avant d'entreprendre un cours de droit à Saint-Hyacinthe.

Durant ses études universitaires, il écrit dans le journal *Le Courrier* de Saint-Hyacinthe et s'intéresse à la politique du Parti conservateur. En 1871, il se rallie au Parti national et se fait élire dans le comté de Rouville aux élections fédérales de 1872. Plus tard, la disparition du Parti national au profit du Parti libéral le fait renoncer aux élections de 1874.

En 1879, il fait son entrée sur la scène politique provinciale auprès du chef libéral, Joly de Lotbinière. Aux élections de 1882, le Parti libéral est défait et son chef démissionne. Honoré Mercier le remplace et devient chef de l'opposition.

En 1885, la pendaison de Louis Riel l'entraîne à la tête d'un mouvement contestataire qui reprend le nom de Parti national. Suit une campagne électorale mouvementée à travers le Québec où Honoré Mercier s'illustre comme un grand patriote canadien-français.

Le 14 octobre, il remporte la majorité des sièges et devient premier ministre en janvier 1887. Avec lui, le Québec connaît un essor incontestable et la satisfaction des électeurs le ramène au pouvoir en 1890. L'année suivante, le scandale de l'affaire de la Baie des Chaleurs éclabousse son entourage accusé d'avoir touché des pots-de-vin. Révoqué par le lieutenant-gouverneur, Honoré Mercier perd son poste de premier ministre, mais conserve son statut de député dans le comté de Bonaventure.

Il est traduit en Cour d'assises et acquitté, mais les évènements l'ont complètement anéanti et ruiné. Il meurt le 30 octobre 1894 après avoir reçu la bénédiction du pape. Il aura été le premier autonomiste à menacer le Canada de retirer le Québec de la Confédération.

MONTCALM, Louis-Joseph, marquis de

Né le 28 février 1712 au château de Candiac (France), il est l'aîné de cinq enfants. De santé fragile, il accuse un retard scolaire qui oblige son père à le confier à un précepteur privé. Ses études complétées, il s'engage dans la vie militaire.

En 1724, il obtient un brevet de sous-lieutenant dans le régiment où son père est lieutenant-colonel. À Paris, il poursuit ses études classiques en accord avec des leçons d'armes et d'équitation. En 1729, il est nommé capitaine et se bat sur les champs de bataille européens.

En 1736, il épouse Angélique Talon du Boulay qui lui donnera dix enfants. Promu tour à tour capitaine et aide de camp, il est élevé au grade de colonel en 1742. Dès lors, il remporte des succès de plus en plus remarqués.

En 1755, la situation difficile en Nouvelle-France incite le roi à lui offrir les armées du général Dieskau défait par les Anglais. En mai 1756, il jette l'ancre à l'entrée du Saint-Laurent et se rend à Montréal pour prendre la direction des troupes de terre.

Il s'implique dans les campagnes contre les forts anglais qui se traduisent par la prise d'Oswego, de Ticondéroga et de William Henry. Cette dernière victoire lui vaut le blâme de Vaudreuil qui prétend que Montcalm n'a fait là que le strict minimum.

En juillet 1758, il récidive en prenant le fort Carillon. Promu lieutenant-général, Montcalm amorce sa quatrième campagne en 1759. Cette dernière l'entraîne à Québec où les Anglo-Américains menacent la ville. Malgré ses conseils, Vaudreuil n'a pas consolidé les défenses délabrées et la ville résiste mal aux bombardements ennemis.

Le 13 septembre 1759, il se retrouve avec ses hommes sur les plaines d'Abraham où il doit faire face à l'imposante armée anglaise de Wolfe. Blessé mortellement, il est ramené dans la ville où il meurt le lendemain. Il sera enterré à Québec.

MULRONEY, Brian

Né le 20 mars 1939 à Baie-Comeau de descendance irlandaise. Après ses études primaires et ses neuvième et dixième années, il entre au St Thomas High School de

Chatham au Nouveau-Brunswick pour compléter ses études collégiales.

Malgré le budget serré de ses parents, il fait ses études universitaires à la St Francis Xavier University à Antigonish en Nouvelle-Écosse. Après s'être intéressé aux sciences politiques et au commerce, il opte finalement pour le droit et s'inscrit à la faculté de Dalhousie à Halifax. Lorsqu'il échoue sa première année, il doute de sa vocation et en 1960, il abandonne la common law pour s'inscrire en droit civil à Laval, persuadé que c'est la meilleure porte pour entrer en politique.

Durant l'été 1962, il occupe le poste de chef de cabinet du ministre de l'Agriculture à Ottawa où les conservateurs sont en pleine campagne électorale. C'est aussi à l'Université Laval qu'il fait la connaissance du nationaliste Lucien Bouchard qui devient son maître à penser.

Il doit commencer sa carrière d'avocat dans un prestigieux bureau de Montréal, mais il échoue à ses examens du barreau. Ses patrons acceptent de le garder jusqu'à la reprise du mois de janvier, mais il échoue une seconde fois et donne sa démission.

En 1965, il est enfin admis au barreau du Québec. Durant toutes ces années, il continue de s'occuper activement de la politique fédérale. Il s'implique personnellement dans le départ du leader conservateur John Diefenbaker qui fut pourtant son idole. Déçu, ce dernier qualifiera son geste de trahison et ne lui pardonnera pas.

En 1968, il participe à la campagne électorale conservatrice, mais l'arrivée de P. E. Trudeau ne facilite pas les choses et assure la victoire des libéraux. En 1972, il rencontre une jeune fille d'immigrants yougoslaves, Mila Pivnick, et l'épouse dès le printemps 1973.

En 1974, il est l'un des trois membres nommés à la Commission Cliche chargée de faire la lumière sur les incidents survenus à la Baie-James. En 1976, Brian Mulroney se présente au leadership du Parti conservateur fédéral, mais la rancune de Diefenbaker lui fait perdre la course au profit de Joe Clark.

En 1976, il est nommé vice-président et un an après président de la grande compagnie minière Iron Ore au siège social de Montréal. En 1979, il accepte d'aider la campagne de Joe Clark. La défaite de ce dernier relance la course au leadership.

À la fermeture de l'Iron Ore, il revient en politique et se fait élire à la direction du Parti conservateur en 1983. La démission de P. E. Trudeau lui facilite l'accession au pouvoir aux élections de 1984. Il s'attaque au déficit gouvernemental et réussit à signer le libre-échange avec les États-Unis malgré une forte opposition.

Réélu en 1988, son gouvernement ne peut pas survivre à la crise de 1990. En 1992, il étend la formule au Mexique (ALENA) qui entrera en vigueur en 1994. Jusqu'au bout de son mandat, il pousse avec acharnement et à l'extrême limite les tentatives de réconciliation entre le Québec et le Canada.

Après une succession de problèmes, il se voit contraint de démissionner en 1993. Des poursuites sont intentées contre lui, mais il finira par être innocenté en 1997.

MURRAY, James

Né en Angleterre en 1719, il s'enrôle dans les troupes de marine en 1740 avec le grade de lieutenant en second. Plus tard, il participe aux conflits armés sur les champs de bataille européens et asiatiques.

En 1749, il est fait major et lieutenant-colonel en 1751. En 1757, son régiment est envoyé en Amérique. Il s'implique dans le siège de Louisbourg et devient brigadier général dans l'armée de Wolfe. Le 12 octobre 1759, il devient gouverneur de la ville de Québec.

Il ravitaille les habitants affamés auxquels il s'adresse en français et les convainc de se montrer loyaux. Au printemps 1760, il doit battre en retraite devant les hommes de Lévis venus reprendre la ville.

C'est l'arrivée des navires anglais qui le tirent de ce mauvais pas. Le 8 septembre 1760, il signe la capitulation de Montréal, avec le gouverneur Vaudreuil. En 1761, il institue un régime provisoire.

Le 10 février 1763, la France et l'Angleterre signent le traité de Paris, et le 7 octobre suivant, la Proclamation royale introduit les lois anglaises au Canada. Murray, promu gouverneur de la province de Québec, inaugure le premier gouvernement civil. Malgré les ordres de Londres, il entretient de bons rapports avec les chefs religieux catholiques et contribue au sacre de monseigneur Briand.

Il reconnaît le droit français et accepte les juristes francophones dans les cours de la province. Ces faveurs le rendent impopulaire chez ses compatriotes. Rappelé à

Londres en 1766, il se défend avec force, mais il ne pourra pas retourner en Amérique.

Il est fait lieutenant-général le 25 mai 1772, et deux ans après, il est nommé gouverneur de l'île de Minorque. En 1781, assiégé par les troupes franco-espagnoles, il doit capituler. Soupçonné de trahison à son retour à Londres, il est acquitté par la Cour martiale, fait général et gouverneur de Hull (Angleterre). Il meurt le 18 juin 1794.

O

Ô Canada (Adolphe-Basile ROUTHIER)

D'abord l'hymne national des Canadiens français, « l'Ô Canada » est joué pour la première fois lors de la fête nationale de la Saint-Jean-Baptiste de 1880. Le juge Adolphe-Basile Routhier en a écrit les paroles qui remportent un franc succès au concours organisé par les responsables de la fête nationale. Calixa Lavallée en fait la musique dès le lendemain. L'Ô Canada subira quelques changements mineurs au fil du temps, deviendra bilingue et sera officialisé par le Parlement canadien le 1er juillet 1980.

P

PAPINEAU, Louis-Joseph

Né à Montréal le 7 octobre 1786, il est l'aîné des quatre enfants de Joseph Papineau. Il étudie au Séminaire de Québec avant de commencer des études de droit. En 1803, il entre à l'étude de son cousin et se sent attiré par la politique.

Il est élu député dans Chambly de juin 1808 à mars 1814. Finalement admis au barreau du Bas-Canada en mai 1810, il s'enrôle deux ans plus tard dans la milice. De 1814 à 1832, il succède à son père et représente les électeurs de Montréal-Est. Il défend la Loi du commerce canadien et dénonce les dépenses incontrôlées de l'administration.

Le 8 janvier 1825, il est élu à la présidence du 12e Parlement jusqu'en mars 1838. Il participe aux revendications de certains électeurs et devient le cœur du mouvement nationaliste. Il attaque ouvertement l'administration, le gouverneur, les conseillers, les juges, les fonctionnaires, le Parlement britannique et il encourage les députés à la rébellion constitutionnelle.

Un appel à la violence contre les officiers publics du gouvernement provoque l'émission de mandats d'arrestation contre Papineau et les chefs du mouvement. Informés à temps, ces derniers réussissent à s'évader à Saint-Denis-sur-Richelieu. Plus tard, Papineau se mêle aux divers groupes d'insurgés qui puisent en lui leur courage et leur détermination.

Une forte récompense pour sa capture l'oblige à trouver refuge aux États-Unis et finalement en France. Là, il s'intéresse aux archives nationales touchant le régime de la défunte Nouvelle-France. En 1845, il est amnistié et rentre au Canada sans délaisser ses idées démocratiques.

En 1848, il est réélu par les électeurs du comté de Saint-Maurice et siègera à la Chambre jusqu'en 1851. De nouveau en contradiction avec l'autorité ministérielle, il forme avec ses amis restés fidèles le Parti ou Club démocratique soutenu par les journaux l'*Avenir* et *Le Canadien.* Il y prône l'annulation de l'Acte d'Union, le rattachement du Canada aux États-Unis et son détachement complet de l'Empire britannique.

En 1854, il quitte l'arène politique à la fin de son mandat. Finalement, il se retire sur ses terres de Montebello où il meurt le 23 septembre 1871.

PARIZEAU, Jacques

Né le 9 août 1930 à Notre-Dame-de-Grâce, il se familiarise d'abord avec la langue anglaise avant de poursuivre ses études en français. Il fréquente des écoles privées et reçoit une éducation européenne. Adolescent, il milite pour le Parti communiste avant de se tourner vers des préoccupations sociales.

Il subit l'influence de Mme Thérèse Casgrain, une socialiste militante. Après son bac, il poursuit brillamment ses études à l'école des Hautes Études commerciales (HEC) et il part pour Paris afin d'améliorer sa formation en sciences politiques. En 1952, il prépare une thèse en Angleterre. Avec son doctorat de la London School of Economics, il revient enseigner aux HEC.

En 1955, il épouse une jeune Polonaise licenciée en droit, Alicja Poznanska. En 1961, il est nommé conseiller gouvernemental à la demande de Jean Lesage et de René Lévesque. En 1962, il est engagé pour assurer la mise en place de la Société générale de financement et il sera le principal artisan de la Caisse de dépôt et placement du Québec.

En 1963, il travaille pour la Commission Porter qui effectue des recherches sur le système bancaire et financier avant de retourner enseigner aux HEC. De 1961 à 1965, on le retrouve conseiller économique de la Commission Parent chargée de réformer l'enseignement au Québec.

Il conserve ses fonctions sous Daniel Johnson et participe à l'élaboration de la loi 25 sur l'uniformisation des salaires des employés de l'État. En 1969, il entre en politique active pour réaliser l'indépendance du Québec. Il adhère au Parti québécois, mais il est battu aux élections de 1970. En 1973, rendu responsable de l'échec des élections, il démissionne de l'exécutif malgré l'appui de René Lévesque.

Il devient président du journal *Le Jour* en 1974 dans lequel il prône la souveraineté du Québec. De 1974 à 1976, il retourne à l'enseignement. Aux élections de 1976, le Parti québécois est au pouvoir et Jacques Parizeau devient ministre des Finances. Il travaille activement à l'expansion de la Caisse de dépôt et sera l'un des plus grands artisans du développement économique québécois.

La crise de 1981-1982 le contraint à prendre des décisions impopulaires pour sauver le gouvernement de la catastrophe. En 1984, il refuse de suivre René Lévesque dans l'idée d'un fédéralisme renouvelé proposé par Brian Mulroney. Il donne sa démission peu après et retourne à ses élèves des HEC.

En 1988, après la démission de Pierre-Marc Johnson qui avait succédé à René Lévesque, il est élu chef du Parti québécois. Son programme sera axé sur la souveraineté du Québec. En 1990, il est affligé par la mort de son épouse.

En 1994, le peuple le choisit comme premier ministre du Québec. Il se remarie en seconde noce avec Lisette Lapointe. Durant sa campagne, il s'est engagé à tenir un référendum sur la souveraineté politique du Québec. Le 30 octobre 1995, malgré l'appui important du Bloc québécois qui obtient l'opposition officielle à Ottawa, il reçoit un NON à 50,6 % et démissionne aussitôt. Il sera remplacé par Lucien Bouchard.

PEARSON, Lester Bowles

Né à Newtonbrook le 23 avril 1897, il est le fils d'un pasteur méthodiste. Après ses études générales, il entre à l'Université de Toronto où il s'inscrit en histoire. En 1914, il s'engage dans l'armée canadienne et sert en Europe auprès des alliés jusqu'à la fin de la guerre.

En 1919, il obtient son diplôme d'histoire et fréquente l'Université d'Oxford en Angleterre. En 1923, il revient enseigner l'histoire à l'Université de Toronto. Deux ans plus tard, il se marie à Maryon Elspeth Moody.

En 1929, on le voit au sein de la diplomatie canadienne et en 1935, il est nommé premier secrétaire au Haut-Commissariat du Canada à Londres. En 1941, il est en poste à la délégation canadienne à Washington où il excelle dans la rédaction et la justesse de ses observations.

En 1945, il est ambassadeur du Canada aux États-Unis et assiste à la formation de l'ONU à San Francisco. En 1946, il est rappelé au pays et se voit confier le poste de sous-ministre aux Affaires extérieures. Durant son mandat, il s'efforce d'intensifier les relations et les échanges avec les États-Unis et se montre favorable à l'entrée du Canada dans l'OTAN.

En 1948, il s'engage dans la politique active et devient ministre des Affaires extérieures. Il représente alors Algoma-Est à la Chambre des communes. En 1952, il préside l'Assemblée générale de l'ONU et le Conseil de l'OTAN, mais son intervention déplaît aux Américains qui ne le trouvent pas assez ferme.

En 1956, il étonnera la Grande-Bretagne et la France en dépêchant une force de l'ONU pour les convaincre de quitter l'Égypte. Cela lui vaudra d'ailleurs le prix Nobel de la paix en 1957. Mais ce coup de force provoque la chute des libéraux et celle du premier ministre.

En 1958, une course au leadership le propulse à la tête du Parti libéral fédéral qu'il va s'acharner à reconstruire. En 1962, son travail porte ses fruits et les libéraux reprennent le pouvoir. Durant son mandat, il fait adopter le nouveau drapeau canadien et réussit à faire appliquer de profondes réformes sociales comme le régime de pensions de vieillesse, le système d'assurance-maladie, la création du ministère de l'Expansion économique régionale, ce qui a fait dire de son gouvernement qu'il représentait l'État-providence le plus coûteux.

En 1963, son équipe ne résiste pas à la levée de boucliers contre l'affaire des armes nucléaires. Aux élections qui en découlent, il n'obtient qu'un gouvernement minoritaire. Puis des problèmes internes au sein de son parti et le délicat débat sur l'adoption du drapeau en 1964 lui font déclencher de nouvelles élections un an plus tard.

Ce nouveau mandat s'avère tout aussi difficile. Ses tentatives pour rallier le Québec et les autres provinces au fédéralisme coopératif, au bilinguisme et au biculturalisme échouent. En 1967, il se retire de la vie publique et meurt à Ottawa en 1972.

PONTIAC

Né vers 1720, son père était un soldat français originaire du Béarn. Devenu chef des Algonquins des berges de la rivière des Outaouais, il s'installe dans les plaines de l'Ouest où il règne sur presque tout le territoire.

Très attaché aux Français, il combat les tribus ennemies à leurs côtés et assiste impuissant à la disparition de la Nouvelle-France. Il s'accommode mal du régime anglais et pousse les Amérindiens à l'insurrection armée. Il reprend tous les forts français pour y hisser le drapeau fleurdelisé.

La réaction anglaise est rapide, mais Pontiac résiste à leurs attaques. Durant l'engagement du fameux « Bloody Run », plus de cinquante soldats de Détroit sont tués ou blessés. Ailleurs, des marchands et des colons anglais sont également tués. Outragé, Amherst se venge en faisant envoyer dans les tribus amérindiennes des couvertures contaminées par les germes de la petite vérole. À la suite de cette hécatombe, Pontiac s'exile en Floride.

En 1768, le gouverneur délimite les frontières amérindiennes de l'Ouest. Condamné à errer de tribu en tribu et chez les Français de la rive droite du Mississippi, il ne cache pas sa rancœur contre les gens du pouvoir.

En 1769, il est assassiné par un Illinois envoyé par un marchand anglais du Missouri. Aujourd'hui, certains prétendent qu'il était un Iroquois.

R

RIEL, Louis

Né le 28 octobre 1844 à Saint-Boniface, il est l'aîné des onze enfants du chef des Métis français. En 1858, il fait des études au Collège des Sulpiciens de Montréal, mais la mort de son père l'oblige à retourner auprès de sa famille à Saint-Vital.

En 1869, le gouvernement fédéral acquiert les Territoires du Nord-Ouest de la Compagnie de la Baie d'Hudson pour en faire une nouvelle province. Les Amérindiens cèdent sans comprendre de grandes étendues de terre occupées par des Métis français. Louis Riel et quelques partisans armés décident alors d'arrêter les colons et le nouveau gouverneur de la province en érigeant une barricade sur la voie publique à Saint-Norbert.

Le 2 novembre de la même année, il occupe le fort Garry (aujourd'hui Winnipeg) et y constitue un gouvernement provisoire chargé de faire valoir les droits des habitants de l'endroit aux gens d'Ottawa. Les nombreux délégués envoyés auprès des insurgés pour régler le conflit ayant échoué, Ottawa propose à Riel de former un gouvernement régulier dont il serait président.

Afin de procéder au rattachement du territoire au reste du pays, le gouvernement fédéral accepte de reconnaître certains droits aux insurgés, comme la reconnaissance officielle du français à l'égal de l'anglais dans les écoles.

Ces droits sont insérés dans l'Acte du Manitoba du 15 juillet 1870. Avec l'arrivée du nouveau lieutenant-gouverneur et des troupes gouvernementales, certains colons accusent Riel de trahison. Il doit fuir momentanément aux États-Unis avec ses partisans.

En octobre 1871, il lève une troupe de quelques centaines de Métis pour s'opposer à une confrérie irlandaise américaine qui luttent pour l'indépendance de l'Irlande. Cette marque de fidélité lui vaut alors le respect du gouverneur manitobain.

Cependant, en 1870 et 1872, sa tête est encore mise à prix dans divers coins du pays. Finalement, il est reconnu hors-la-loi le 24 février 1875. Pour le protéger, on l'admet dans un asile québécois jusqu'en janvier 1878.

Retourné aux États-Unis, il épouse Marguerite Monet-Belhumeur, la fille d'un Métis français qui lui donnera un fils et une fille.

Il est instituteur chez les Jésuites lorsqu'une délégation de Métis de Saskatchewan vient réclamer sa présence sur la scène politique de leur nouvelle province. Frustrés et privés de leurs droits et de leurs terres, ils mettent en lui tous leurs espoirs. Riel forme une fois encore un nouveau gouvernement provisoire le 18 mars 1885.

Renié par le clergé qui désapprouve son insurrection, il fonde sa propre religion et s'en fait le prophète. Un peu plus tard, un accrochage avec les soldats fédéraux se termine dans le sang et à l'avantage de Riel.

Cette victoire lui rallie quelques tribus amérindiennes qui attaquent sans raison les missionnaires et quelques fermiers. En représailles, le gouvernement fédéral dépêche des troupes de volontaires et, aussitôt après, une armée de plus de 4 000 hommes. Les combats s'étireront du 24 avril au 16 mai 1885, jusqu'à l'arrestation de Riel.

Incarcérés à Régina pour y subir leurs procès, Riel et ses compagnons sont jugés et déclarés coupables. Pour sa part, Riel est condamné à mort le 1er août suivant et pendu le 16 novembre. Les autres sont emprisonnés. Un peu plus tard, dix Amérindiens partisans seront également condamnés à mort et exécutés.

RYAN, Claude

Né à Montréal le 26 janvier 1925, il étudie à Ville-Émard. En 1937, il est au Collège Sainte-Croix avant de poursuivre ses études en sciences sociales à l'Université de Montréal de 1944 à 1946. En 1945, il est nommé secrétaire à l'Action catholique canadienne. Il poursuit en histoire de l'Église et en histoire universelle à Rome.

En 1956, il est directeur de la Caisse populaire Saint-Louis-de-France et président de l'Institut canadien à l'éducation des adultes.

En 1962, il commence à écrire des éditoriaux dans le journal *Le Devoir* dont il devient l'éditeur en 1964. En 1978, il s'oriente vers la politique québécoise active et se fait élire député libéral dans Argenteuil où il sera réélu en 1981, 1985, et 1989.

Durant la campagne référendaire de 1980, il devient un implacable défenseur du NON. En 1981, après trois ans dans l'opposition, son parti perd les élections. Il donne alors sa démission comme chef du parti tout en demeurant député dans Argenteuil.

En 1985, avec le retour de Robert Bourassa, il est nommé ministre de l'Éducation et de l'Enseignement supérieur alors qu'en 1989, il est choisi responsable de l'application de la Charte de la langue française.

Son passage au ministère de la Sécurité publique lui vaudra des attaques virulentes de ses opposants. Il a écrit quelques ouvrages traitant du fédéralisme, de religion, de politique et des droits sociaux. Il a apporté une grande contribution au journalisme canadien et ses opinions politiques sont aujourd'hui respectées de tous.

S

SAINT-LAURENT, Louis

Né à Compton dans les Cantons-de-l'Est le 1er février 1882, il entreprend des études en vue de la prêtrise au Séminaire Saint-Charles Borromé. Puis il opte pour le droit à l'Université Laval. Dès 1905, il commence sa carrière de juriste et épouse Jeanne Renault.

En 1929, il est bâtonnier du barreau de Québec et ensuite président de l'Association du barreau canadien. Conseiller à la Commission fédérale Rowell-Sirois en 1937, il est chargé d'enquêter sur les relations entre le Dominion et les provinces.

En 1946, il est choisi secrétaire d'État aux Affaires extérieures. Il représente le Canada aux conférences de l'ONU et le fait accéder à l'OTAN. En 1948, il se propulse à la tête du pays. Il favorise les mesures sociales les plus populaires; augmentation des pensions aux gens âgés et assurance-hospitalisation, entre autres.

Il assiste à l'entrée de Terre-Neuve dans la Confédération en 1949, à la construction de la voie maritime du Saint-Laurent, de la route Transcanadienne et à la création du Conseil des Arts du Canada.

En respect avec les accords de l'OTAN et de l'ONU, il dépêche des troupes en Europe et en Corée. Réélu en 1949 et en 1953, il est défait aux élections de 1957. L'année suivante, il quitte la vie publique pour reprendre sa profession d'avocat. Il meurt à Québec le 25 juillet 1973.

SAUVÉ, Paul

Né à Saint-Benoît le 24 mars 1907. Il fait ses cours de droit et s'intéresse à la politique. En 1930, il est élu député conservateur de Deux-Montagnes et le restera toute sa vie à l'Assemblée législative.

En 1935, il assiste à la naissance de l'Union nationale et gardera son siège de député et de président de la Chambre jusqu'en 1959 au côté de Maurice Duplessis. En 1943, il se joint auprès des Fusiliers Mont-Royal avec le grade de commandant, il participe au débarquement de Normandie en juin 1944. Fait brigadier, il finit par revenir à la politique active dès son retour au pays.

En 1946, il est ministre de la Jeunesse et du Bien-être social. En 1959, après la mort de Maurice Duplessis, il prend la tête du parti et du Québec. Il désire apporter des changements profonds à la politique québécoise et règle rapidement les dossiers en retard de son prédécesseur. Il en découlera l'assurance-hospitalisation et l'aide financière aux universités québécoises. Malheureusement, cette bonne volonté cesse avec sa mort subite quatre mois plus tard, le 2 janvier 1960. On n'oubliera jamais au lendemain de la mort du « chef » Duplessis son fameux « désormais... »

T

TRUDEAU, Pierre Elliott

Né à Montréal le 18 octobre 1919 au sein d'une famille aisée, il fait ses études classiques au Collège Jean-de-Brébeuf alors sous la direction des Jésuites. Il opte pour le droit et obtient sa licence de l'Université de Montréal en 1943. Il continue ses études en économie politique à l'Université Harvard en 1946 et dans différentes universités, dans un tour du monde qui le mènera tour à tour en France, en Angleterre, aux États-Unis, au Japon, en Asie et aussi dans la plupart des universités canadiennes.

En 1949, il apporte son appui aux grévistes des mines d'amiante avant d'être nommé au Conseil privé. En 1952, il pratique le droit et se spécialise en droit du travail et des libertés civiles. En 1961, il est professeur de droit à l'Université de Montréal et devient membre de l'Institut de recherche en droit public. Il s'oppose aux mouvements indépendantistes et se révèle un ardent défenseur du fédéralisme.

En 1965, il est élu député de Mont-Royal et rejoint les libéraux fédéraux à Ottawa. Il est nommé secrétaire parlementaire de Lester B. Pearson et ministre de la Justice en 1967. Durant ce dernier mandat, il apporte des changements importants qui bouleversent le Code criminel en libéralisant l'avortement, l'homosexualité et les loteries publiques.

En 1968, il remporte la course à la chefferie et devient premier ministre du Canada. En 1970, durant la Crise d'octobre, il impose la Loi des mesures de guerre et cette décision lui attire le ressentiment de tous les nationalistes québécois. En 1971, il épouse Margaret Sinclair qui lui donne trois enfants. Il s'en sépare six ans plus tard et divorcera en 1984.

Plus tard, il s'attaque à la sauvegarde du fait français en Ontario. Il promulgue la Loi sur les langues officielles, mais s'oppose aux défenseurs de l'unilinguisme. Toutes ces démarches lui font gagner de justesse les élections de 1972.

De retour en force aux élections de 1974, il fait face à l'inflation et à l'arrivée au pouvoir du Parti québécois. Il tente de mater les idées indépendantistes grandissantes et perd les élections de 1979. Peu de temps après, la chute du gouvernement conservateur le ramène finalement au pouvoir.

Il intervient dans la campagne référendaire péquiste en luttant avec force contre le séparatisme. Mais en même temps, il dit : « Un NON voudra dire OUI au changement. » C'est en 1982 qu'il propose au Parlement le rapatriement unilatéral de la Constitution auquel il joint la Charte canadienne des droits et libertés. Ce coup de force provoque une levée de boucliers à travers le pays. Malgré tout, une entente finale est déposée en avril et seul le Québec refuse de signer le nouveau document constitutionnel.

L'inflation, le chômage croissant, la gigantesque dette fédérale et son nouveau programme énergétique national le rendent vite impopulaire. En 1983, il mène une campagne de paix et demande aux pays de l'Est et de l'Ouest de négocier la réduction des armes nucléaires. Cette démarche lui vaut le prix *Albert Einstein* de la paix en 1984.

La même année, P. E. Trudeau quitte la vie politique et retourne à la pratique du droit. En 1985, il est bâtonnier du Québec et membre de diverses associations juridiques québécoises. Plus tard, il s'opposera au statut de société distincte pour le Québec.

W

WOLFE, James

Né à Westerham (Angleterre) le 2 janvier 1727 dans une famille irlandaise, il embrasse la carrière militaire et se bat en Europe. Promu à plusieurs reprises entre 1743 et 1756, il est élevé au grade de brigadier général un an plus tard.

En 1757, il participe à l'attaque de Louisbourg en Acadie et repart en Angleterre. En 1758, il reçoit le commandement des troupes de terre envoyées par Jeffery Amherst contre Québec. Sous ses ordres, on retrouve Townshend, Murray et Monckton.

Avant de remplir sa mission, il se fiance avec Catherine Lowther qu'il n'aura jamais la chance de marier. C'est en entrant dans la rade de Louisbourg, au mois de mai 1759, qu'il apprend la mort de son père. Quoiqu'il soit très touché, cette nouvelle ne change pas ses projets. Il a l'intention de cerner Québec par la rivière Saint-Charles, la pointe Lévis, la rivière Chaudière et par un camp retranché surplombant la place.

Devancé par Montcalm, il ne peut établir son camp à Saint-Charles et doit s'installer sur la rive gauche de la

Montmorency. Plus tard, des hauteurs de Lévis, il bombarde la ville, mais les attaques directes de ses troupes échouent. Une autre tentative à la chute Montmorency donne la victoire aux Français commandés par Lévis. Wolfe est profondément humilié par ces échecs. Il donne cours à sa colère en faisant incendier les maisons et les fermes des alentours.

Son plan d'attaque ne semblant pas satisfaisant, il le met de côté et accepte des conseils de ses officiers. C'est alors qu'une indiscrétion lui ouvre les portes des plaines d'Abraham par l'étroit passage de l'anse Foulon, le 13 septembre 1759. Les troupes de Montcalm arrivent trop tard et ne peuvent se battre avec efficacité contre les troupes aguerries du général.

Blessé à plusieurs reprises, Wolfe meurt sur le champ de bataille près des portes de Québec. Son corps est transporté à Londres dans les derniers jours d'octobre de la même année.

BIBLIOGRAPHIE

Barabé, Paul-Henri. *Quelques figures de notre histoire*, Ottawa, Université d'Ottawa, 1941.

Black, Conrad. *Maurice Duplessis*, Éditions de l'Homme, Montréal, 1977.

Bouchard, Lucien. *À visage découvert*, Montréal, Éditions du Boréal, 1992.

Bourassa, Robert. *Gouverner le Québec*, Montréal, Éditions Fides, 1995.

Bruchési, Jean. *L'épopée canadienne*, Montréal, Librairie Granger, 1953.

Charlevoix, Pierre-François-Xavier de. *Histoire et description générale de la Nouvelle-France*, Éditions Élysée, Paris, 1954.

Comeau, Robert (dir.). *Jean Lesage et l'éveil d'une nation. Les débuts de la Révolution tranquille*, Québec, Presses de l'Université du Québec, 1989.

Courtois, Charles-Philippe. *Lionel Groulx. Le penseur le plus influent de l'histoire du Québec*, Montréal, Éditions de l'Homme, 2018.

D'Allemagne, André. *Le R.I.N. de 1960 à 1963 : étude d'un groupe de pression au Québec*, Montréal, Éditions l'Étincelle, 1974.

Daigneault, Léon. *L'épopée canadienne*, Montréal, Les frères des écoles chrétiennes, 1954.

Daigneault, Léon. *Mon pays : Histoire du Canada*, Montréal, Les Frères des Écoles Chrétiennes, 1954.

Duchaîne, Jean-François. *Rapport sur les événements d'octobre 1970*, Québec, Direction générale des publications gouvernementales, ministère des communications, 1981.

Farley, Paul-Émile et Gustave Lamarche. *Histoire du Canada. Cours supérieur*, Montréal, Librairie des Clercs de Saint-Viateur, 1937.

Fournier Louis. *F.L.Q. Histoire d'un mouvement clandestin*, Montréal, Éditions Québec/Amérique, 1982.

Frégault, Guy et Marcel Trudel. *Histoire du Canada par les textes*, Montréal, Fidès, 1963.

Frégault, Guy. *Iberville le Conquérant*, Montréal, Éditions Pascal, 1944.

Gagnon, Lysiane. *Chroniques politiques*, Montréal, Éditions du Boréal Express, 1985.

Godin, Pierre. *Daniel Johnson*, Montréal, Éditions de l'Homme, 1980.

Groulx, Lionel. *Notre maître, le passé*, Montréal, Éditions Stanké, 1977.

Héroux, Lahaie, Vallerand. *La Nouvelle-France*, Montréal, Centre de psychologie et de pédagogie, 1967.

Hollier, Robert. *Dollard : Héros ou aventurier ?*, Montréal, Éditions de l'Horizon, 1963.

Lacoursière, Jacques et Claude Bouchard. *Notre histoire Québec-Canada*, Montréal, Éditions Format, 1972.

Lacoursière, Jacques. *Nos Racines : l'histoire vivante des Québécois*, Montréal, Les Éditions T.L.M., inc., 1982.

Lalemant, Jérôme. *Constitutions et règlements des premières Ursulines de Québec*, édition préparée par sœur Gabrielle Lapointe, Québec, Ursuline de Québec, 1974.

Lanctot, Gustave. *L'administration de la Nouvelle-France*, Éditions du Jour, Montréal, 1971.

Lanctot, Gustave. *Montréal sous Maisonneuve*, Montréal, Librairie Beauchemin limitée, 1966.

Le Jeune, R.P.L. *Dictionnaire général de biographie, histoire, littérature, agriculture, commerce, industrie et des arts, sciences, mœurs, coutumes, institutions politiques et religieuses du Canada*, Ottawa, Université d'Ottawa, 1931.

Lebel, Gérard et Jacques Saintonge. *Nos ancêtres*, Sainte-Anne-de-Beaupré, Revue Sainte-Anne-de-Beaupré, 1980, 1983.

Léger, Marcel. *Le Parti québécois : ce n'était qu'un début*, Montréal, Éditions Québec/Amérique, 1986.

Les Jésuites. *Le Journal des Jésuites*, Montréal, Éditions François-Xavier, 1973.

Lévesque, René. « Avant qu'il ne soit trop tard », *Le Journal de Montréal*, 1970.

Lévesque, René. *Attendez que je me rappelle…*, Montréal, Éditions Québec/Amérique, 1986.

Lévesque, René. *Option Québec*, Montréal, Éditions de l'Homme, 1968.

Lisée, Jean-François, *Le Tricheur*, Montréal, Éditions du Boréal, 1994.

Lisée, Jean-François. *Le naufrageur Robert Bourassa et les Québécois 1991-1992*, Montréal, Éditions du Boréal, 1994.

MacDonald, L. Ian. *Mulroney, de Baie-Comeau à Sussex Drive*, trad. de Michel Saint-Germain et Élise de Bellefeuille, Montréal, Éditions de l'Homme, 1984.

Marie de l'Incarnation, *Correspondance*, Solesmes, Abbaye Saint-Pierre, 1971.

Morin, Claude. *Le pouvoir québécois en négociation*, Montréal, Éditions du Boréal, 1972.

Morin, Claude. *Mes premiers ministres : Lesage, Johnson, Bertrand, Bourassa et Lévesque*, Montréal, Éditions du Boréal, 1991.

Provencher, Jean. *René Lévesque, portrait d'un Québécois*, Montréal, Éditions de La Presse, 1974.

Richard, Laurence. *Jacques Parizeau : un bâtisseur*, Montréal, Édition de l'Homme, 1992.

Rutché, Joseph. *Précis d'histoire du Canada*, Montréal, Librairie Beauchemin limitée, 1956.

Saint-Pierre, Raymond. *Les années Bourassa*, Montréal, Éditions Héritage, 1977.

Salinger, Pierre. *La France et le nouveau monde*, Paris, Robert Lafont, 1976.

Thomson, Dale C. *Jean Lesage et la Révolution tranquille*, Saint-Laurent, Édition du Trécarré, 1984.

Trudeau, Pierre Elliott. *Mémoires politiques*, Montréal, Éditions du Jour, 1993.

Vallières, Pierre. *L'urgence de choisir*, Montréal, Parti pris, 1971.

Vastel, Michel. *Lucien Bouchard. En attendant la suite*, Montréal, Éditions Lanctôt, 1996.

Vaugeois, Denis. *Canada-Québec*, Montréal, Édition du Renouveau Pédagogique, 1978.

Cet ouvrage a été achevé d'imprimer
au Québec sur les presses de Marquis Imprimeur
en avril deux mille dix-neuf
pour le compte des Éditions du Journal

100% TCF BIOGAZ ÉNERGIE PERMANENT

Imprimé sur du papier 100% postconsommation,
fabriqué avec un procédé sans chlore et à partir d'énergie biogaz.